지금 이대로 있는 그대로

지금 이대로 있는 그대로

상 도 선 원   황찬익·수경 지음

클리어마인드
CLEARMIND

목 차

007　강 건너 복숭아꽃 떠다니는 무릉도원

043　육근이 청정해지는 절, 상도선원

094　상도선원과 간화선 종장 만암, 서옹 스님

191　백척간두에서 한 걸음 더!

210　하트스마일 명상

강 건너 **복숭아꽃** 떠다니는 무릉도원

성저십리를 벗어나 첫 번째 명당자리

조선시대 서울은 어디까지일까? 북악산과 인왕산과 남산과 낙산을 잇는 한양도성 안은 물론 서울이다. 그런데 이뿐일까? 성저십리城底十里라는 말이 있다. 지금의 서울시장인 한양유수의 관할이 한양도성 안에만 그치는 것이 아니라 도성으로부터 사방 10리까지라는 말이다.

이 성저십리를 사방으로 적용해 보면 북쪽으로는 북한산이요, 서쪽으로는 지금의 홍제천까지다. 동쪽으로는 중랑천이요, 남쪽으로는 숭례문을 나가서 지금의 한강대교 북단까지다. 서울을 둘러싼 위성도시들처럼 조선시대 이 성저십리는 왕십리나 평창동, 연희동처럼 한양도성 사람들이 소비하는 푸성귀나 과일 따위를 기르던 곳이 있는가 하면, 남대문 밖 칠패나 마포나루처럼 발달된 상업지역이 있기도 했다.

조선시대에 도성 안은 물론 이 성저십리까지도 사람이 죽어도 묘를 쓸 수 없었고 벌목도 법으로 엄격히 금지되었다. 그러다보니 사람이 죽으면 성저십리를 갓 벗어난 구파발 이말산이나 강 건너 흑석동과 본동, 상도동을 잇는 서달산 자락이 장안 사람들이 선호하는 묘지터였다.

상도동에만도 안평대군의 둘째아들인 서원군과 숙종의 막내아들 연령군의 묘가 있었다. 상도1동 햇님어린이공원 자리가 서원군의 묘자리여서 지금도 능골이라는 지명으로 남았고, 성대시장을 지나 신림동으로 넘어가는 모자원고개 인근이 연령군의 묘가 있던 곳이다.

한국 전쟁 직후 수많은 국군 영령을 모실 명당자리를 찾다가 지금의 현충원터를 발견했던 것도 조선시대부터 오래된 전통적 인식과 무관하지 않은 듯하다.

또 이런 이야기도 전한다. 반포나 여의도 주변에 퇴적층이 발달해서 비가 많이 오면 섬이 되고 평상시에는 강둑으로 연결되는 섬 아닌 섬들이 있었다. 노량진 사육신묘에서 한강 쪽으로도 오랜 퇴적층이 조성한 가칠목이란 마을이 있었다. 이곳은 한양도성에서 돌림병이 돌면 환자들을 격리해서 살게 했던 곳으로 마을 이름이 가칠목으로 불리게 된 것도 그런 연유다.

그런데 이곳에서 살다가 죽으면 묻었던 곳도 자연히 가까운 서달산 자락이 이어지는 본동, 흑석동, 상도동 등이었을 것으로 추정된다.

상도동의 지명 유래가 상여를 매던 상두꾼들이 많이 모여 살아서 상도동이 되었다는 말이 있다. 또, 인근의 사당동이 죽은 시신의 혼을 위로하는 사당이 많은 곳이요, 봉천동은 혼이 승천하는 곳이어서 봉천동이라는 말도 전한다. 도성에서 성저십리를 지나 건너다보이는 남쪽 양지바른 이곳이 살면서 동경하던 음택이 되었던 듯하다.

그렇지만 그 이전 상도동의 지명은 '성도화리成桃花里'다. 옛날 국사봉 아래 신씨申氏 성을 가진 부자가 살았다고 한다. 그 부자가 죽어 묘자리를 구해서 땅을 파보니 그 안에서 복숭아꽃이 한 아름 나와서 그때부터 이곳을 성도화리라고 부르게 되었다고 하는데, 전국에 도화리라는 지명은 수없이 많다. 이들은 대개 살기 좋은 이상향인 무릉도원을 뜻한다.

상도동 성도화리도 마찬가지다. 풍류객으로 이름났던 양녕대군의 사당인 지덕사와 묘소도 이곳에 자리했다. 한양에 살던 사람들에게 강 건너 죽은 뒤에 가야 할 그곳은 척박했던 삶의 종착지다. 생전의 삶은 매양 괴로움뿐이지만 죽은 후에 갈 저곳은 아무 고통 없이 평안해 보이기 때문이다.

한강 옛 풍경과 모자원고개

지금으로부터 40여 년 전만 해도 한강 북쪽 지금의 동부이촌동 앞에는 거대한 모래사장이 있었다. 국군의 날에 그곳에 각목을 얼기설기 엮어서 간이 타깃을 만들고 전투기가 폭격하는 시험을 보이기도 했다.

지금 생각하면 수도 서울 복판에 전투기가 날고 거기서 폭탄을 떨구면서 시범 보이는 것 자체가 아찔하고 위태로운 일이지만 텔레비전이 열 집에 한 대 꼴로도 보급되지 않은 시절, 그것은 아이 어른 할 것 없이 대단한 구경거리였다.

이 거대한 모래톱의 하류에서 배를 타고 한강을 건너다 중간 지점에 있는 섬이 노들섬이다. 버드나무가 많아서 노들섬으로 불렸다는데 하류의 양화대교 인근 양화진 나루까지 한강 남쪽의 강둑에는 어디든 버드나무가 많았던 것으로 보인다.

노들섬을 지나 닿는 나루가 노들나루다. 노량진이라고도 불렸는데 1899년 9월 18일 경인선철도가 개통되면서 지금의 노량진역 주변이 노량진으로 불리는 것에 대해 옛 노량진은 본래 노량진이라는 뜻으로 본동本洞이라 불리고 있다.

정조 임금이 아버지 사도세자의 능을 참
배하러 갈 때 남대문을 나와서 용산에서
수십 척의 배를 잇댄 배다리를 놓고 강을
건넌 후 노량진 초입의 용양봉저정에서
쉬었다고 한다. 당시 노량진은 경기도 과
천군 하북면 노량진리였다. 과천군의 서
쪽 끄트머리로 노량진은 사당동·흑석동
을 포함해서 과천에 속하고, 서달산을 경
계로 상도동과 대방동 쪽은 금천군에 속
했다.

용양봉저정에서 쉰 어가행렬은 장승배기
를 거쳐 모자원고개를 넘어 금천행궁까
지 가서 하룻밤을 묵고 화성으로 향했다.
당시까지만 해도 장승배기는 수풀이 우
거진 산골짜기였다. 정조 임금은 장승배
기를 지나며 이곳이 낮에도 으슥하고 험
하니 장승을 세우라고 지시한다. 전국 동
네 어귀마다 세워진 장승 가운데 임금의
어명으로 세운 장승이 있는 곳이라 해서
'대방장승'이라 불렀고, 그 대방은 지금
의 대방동의 지명 어원이 된다.

노들나루는 1970년대 초반까지만 해도 풍류객들은 차양을 얹은 배에 술과 음식을 싣고, 경기민요를 불러대는 기생도 태워서 흑석동 강변을 따라 동작나루까지 왕복하면서 뱃놀이를 했던 곳이다. 여름철이면 장안의 풍류객들이 노량진 나루에 모여들고 흐르는 강물에 시름을 놓아 보내면서 풍류에 젖어들었던 것이다.

도성 안에서 바라보이는 무릉도원 상도동이 한국전쟁이 끝나고 나서는 한때 슬픈 역사가 배어든 땅이었다. 이승만 정권에서 전쟁통에 남편과 아비를 잃은 편모가정의 가족들을 모여 살게 한 곳이 바로 상도동이기 때문이다. 상도동에서 신림동으로 넘어가는 고개 이름이 본래 거북고개에서 모자원고개로 바뀐 것도 이 무렵이다.

1981년 《중앙일보》에는 다음과 같은 기사가 실렸다.

"청산리 전투에서 북로군정서 총사령으로 일본군을 대파한 재만 독립운동의 최고 지도자였던 백야 김좌진 장군의 후손들이 서울 상도1동 48 백운암 위 산꼭대기에서 그것도 10평도 채 안 되는 조그마한 집에서 살고 있다는 것을 아는 사람은 드물다.

'꿋꿋이 살고 있습니다. 넉넉하지 않은 생활을 하고 있습니다마는 장군의 높은 뜻에 만의 하나라도 어긋날까 봐 매사 조심하고 가다듬을 뿐입니다.'

백야의 맏며느리 김부미 여사(65)는 장군의 장손인 자식들이 가문에 먹칠이 안 되도록 노력하고 살아가는 게 대견하기 그지없다고 했다. 충남 홍성군 갈산면 갈산리 오두물깨에서 태어난 백야는 슬하에 형제를 두었으나 국회의원을 지낸 장남 두한 씨는 72년에 세상을 떠났고, 차남 철한 씨는 몸이 안 좋아 놀고 있다. 장손은 경민 씨(27)로 그는 어머니 김 여사와 동생 현성 씨(25 · 무직) 및 누이와 함께 살고 있다.

장녀 을동 씨(37)는 중앙대 연극영화과를 졸업, 성우 · 연극배우를 하다 지금은 TV탤런트로 활약하고 있다. 그녀는 KBS-TV의 인기 일일연속극 〈달동네〉에서 이발사 구충서의 아내 역을 맡아 개성 있고 남자성격의 코믹한 연기로 인기를 끌고 있다.

이들은 서울 신대방동 신생아파트(13평)에서 단란하게 살다 어머니 김 여사가 당뇨병으로 고생하게 되어 이것을 처분하고 작년에 이곳으로 이사했다. 이 집도 처음에는 물탱크였던 것이나 평소 백야 장군을 존경했던 사회사업가 장봉옥 여사(지난 4월 사망)가 집으로 개조해 이들의 보금자리로 무상으로 마련해 주었다. '애국지사 유족이 집 때문에 고생해서 되겠느냐'며 선뜻 거처를 마련해 준 고마움에 백야의 후손들은 말을 잇지 못했다."

고 장봉옥녀사 영오비
옛날 성자의 말씀에 어진사람은
물로써 영예를 높치고 어질지 못한
사람은 재물로써 되려 신차 패망케 된
다라고 장녀사 쏠 았을 때에 날
보았자 선사엄이 둣소 하니라와 근녀에
조고 접별한 부근 농포수십세대를
추속으로 엄하여 생활방도까지 일선
고 하고자 사회운리와 도덕이
해 안도의 쾌락을얻게 하였다
론이때 이쏼은 어벗은 섬정유 아
발로 높이 펀大 않을소릿만 그뭇
로총취익 고장부사 수을웃지
성심집산의 평청이 라사팅이난
엷기유의 이를 선택 본다 그래
이 당연 외써이 살아 첫음을 기여
늙치여 바음의 초락을근 수양엾꼬
라
는금9코4른임술팔혈 一일
답일충꼿철율리년 멱정 조성한 쏫스음
낙산탕반 즈원 스을 스음

독립지사의 후손들이자 1960년대 국회의원의 후손들이지만 전쟁 이후 유난히 상도동 근처에 많이 모여 살았던 모자가정들처럼 백야 김좌진의 후손이자 종로를 호령했던 김두한의 가족들은 그렇게 상도동 산동네에 모여 살았다고 한다. 백야 김좌진이 그의 두 번째 부인인 김계월과의 사이에서 낳은 것으로 아들이 김두한이라 하고 김두한의 네 명의 부인 가운데 두 번째 부인이 김부미였다.

1972년 11월 박정희 정권을 비판하던 김두한이 갑자기 쓰러져 숨지자 그 가족들은 대림동으로 상도동으로 옮겨다니다가 상도동 백운암을 창건했던 장봉옥 여사, 즉 대보화大寶華 보살의 도움으로 백운암 물탱크를 개조한 집에서 살 수 있었다고 한다.

김좌진, 김두한으로 이어지는 그 명문 가계도 한낱 가난한 모자가정이었다. 그것은 한 시대를 풍미했던 시인의 딸에게도 비켜가지 않았다. 아니 시인의 딸뿐이 아니라 이 산골짜기를 일궈 지금의 상도동이 있게 한 당시 상도동 주민들 모두에게 돌아보면 보이는 현실이었다.

그래서 너는 시를 쓴다?

서울 상도동上道洞 산번지山番地를 나는 안다
그 근처엔 내 딸년이 사는 곳

(중략)

그 상도동 산번지 어디에서 한 굶주린 젊은 어미가 밥
달라고 보채는 어린 것을 독기에 받쳐 목을 졸라 죽였
다고

(중략)

그러나 그것은 내 딸자식이요 손주가 아니라서 너는
오늘도 아무런 죄스럼이나 노여움 없이 삼시 세끼를
챙겨 먹고서 양복바지에 줄을 세워 입고는 모자를 얹
고 나설 수 있는 것인가 그리고는 어쩌면 네가 말할 수
없이 값지다고 믿는 예술이나 인생을 골똘히 생각하
는 것인가

그러나 이 순간에도 굶주림에 개같이 지쳐 늘어진 무
수한 인간들이 제 새끼를 목졸라 죽일 만큼 독기에 질
린 인간들이 그리고도 한마디 항변조차 있을 수 없이
꺼져가는 한겨레라는 이름의 인간들이 영락없이 무수
히 무수히 있을 텐데도 그 숫자나마 너는 파적거리라
도 염두에 올려본 적이 있는가

그러나 한편으로 끼니는 끼니대로 얼마나 배불리 먹고
도 연회가 있어야 되고 사교가 있어야 되고 잔치가 있
어야 되고… 그래서 진수성찬이 만판으로 남아 돌아
가듯이 국가도 있어야 되고 대통령도 있어야 되고 반
공도 있어야 되고 질서도 있어야 되고 그 우스운 자유
평등도 문화도 있어야만 되는 것

(중략)

그러므로 사실은 엄숙하다 어떤 국가도 대통령도 그
무엇도 도시 너희들의 것은 아닌 것 그 국가가 그 대통
령이 그 질서가 그 자유 평등 그 문화 그 밖에 그 무수
한 어마스런 권위의 명칭들이 먼 후일 에덴동산 같은
꽃밭사회를 이룩해 놓을 그날까지 오직 너희들은 쓰
레기로 자중해야 하느니

그래서 지금도 너의 귓속엔

(중략)

저 가엾은 애걸과 발악의 비명들이 소리소리 울려 들리
는데도 거룩하게도 너는 시(詩)랍시고 문학이랍시고 이
따위를 태연히 앉아 쓴다는 말인가

(청마 유치환)

산 너머 중앙대학교에서 시를 가르쳤던 청마 유치환과 같은 생명파 문
인인 미당 서정주도 당시 상도동 주변의 슬픈 역사를 흐르는 한강물에
빗대어 다음과 같이 풀어냈다.

풀리는 한강가에서

강물이 풀리다니
강물은 무엇하러 또 풀리는가
우리들의 무슨 설움 무슨 기쁨 때문에
강물은 또 풀리는가

기러기같이
서리 묻은 섣달의 기러기같이
하늘의 얼음장 가슴으로 깨치며
내 한평생을 울고 가려 했더니

무어라 강물은 다시 풀리어
이 햇빛 이 물결을 내게 주는가

저 민들레나 쑥니풀 같은 것들
또 한 번 고개 숙여 보라 함인가

황토 언덕
꽃상여
떼과부의 무리들
여기 서서 또 한 번 더 바라보라 함인가

강물이 풀리다니
강물은 무엇하러 또 풀리는가
우리들의 무슨 설움 무슨 기쁨 때문에
강물은 또 풀리는가

龍驥鳳書亭

한국전쟁을 마치고 한동안 황토언덕에
꽃상여 지나고 그 뒤로 떼과부 무리가 흐
느끼며 따라가는 곳이 이 서달산 자락의
익숙한 풍경이었던 모양이다.

전쟁이 끝난 지 채 10년밖에 안 된 1961년, 그 상도동 한쪽 끄트머리 나지막한 산자락 아카시아, 참나무 숲으로 우거진 곳에 작은 암자가 들어선다. 노승의 천진스런 웃음처럼 소박한 암자, 백운암이다.

조계종 종정을 지낸 고불총림 백양사의 방장 서옹 스님이 서울에 올라오면 기거하시던 곳이다. 상도동, 흑석동, 사당동, 봉천동 달동네 벨트로 이어지던 이 일대에서 서옹 스님은 특유의 천진스런 미소와 추상 같은 활구 법문으로 상도동 사람들을 위로했다.

장봉옥 보살도 서옹 스님도 모두 극락세상으로 가시고 아비 잃은 모자의 설움이나 청마의 시를 쓰는 이유나 미당의 떼과부의 울음 따위도 잊혀져갈 무렵, 사회도 사람들 마음속에도 물욕의 어두운 그림자가 짙게 드리울 무렵 상도동 낮게 드리운 산자락도 그 안에 자리 잡았던 백운암도 포클레인 자국 속으로 묻혀 버릴 위기에 처하게 된다.

위기를 넘어서 다시 그곳에 절이 들어선 것은 2007년의 일이다. 숭실대 뒷담과 아파트 사이 지하 1층 지상 4층의 작은 공간이 비워지고 그 공간 속으로 기적처럼 전통과 현대, 동양과 서양, 수행과 교학, 잊혀져 가는 것들과 염원하는 것들을 한데 빚은 듯한 불상과 탱화, 각종 장엄물들이 모셔지고 하나하나 자리 잡으면서 이름 붙이기를 상도선원이라고 했다.

따로 수행이라 부르지 않아도 이곳에 들러 불상과 탱화 앞에 엎드려 절을 올리고, 전통 한지등이 은은한 빛을 쏟아내는, 마룻바닥에 앉아 있는 것만으로 참선이 되고 명상이 될 것 같은 절, 바로 **상도선원**이다.

육근六根이 **청정해지는** 절, 상도선원

상도로 55길 33(옛주소, 상도동 79-60번
지), 숭실대 뒤 담벼락 너머에 절이 있다.
서달산 기슭에 기대선 고급 카페 비슷한
모양의 현대식 건물이 바로 상도선원이다.
겉으로 보기에는 별 특색이 없는 양옥 한
채로 보이지만 찬찬히 뜯어보면 오밀조밀
눈길을 잡아채는 단단함과 깊이가 있다.

건축가 백경국 씨가 설계한 이 건축은 124
평의 그리 넓지 않은 땅에 ㄷ자로 자리 잡
았다. 통으로 건물을 올렸다면 공간 활용도
가 높았겠지만 앞 건물과 뒷 건물 사이 계단
실로 한쪽만 잇고 나머지는 비워 두었다.

정면에서 보면 앞 건물 1층도 비워서 진입
로 겸 주차장으로 사용한다. 아래와 중간에
둔 이 공간들은 앞뒤로 나란히 선 두 채의
건물 사이 숨통을 틔워주는 역할을 한다.

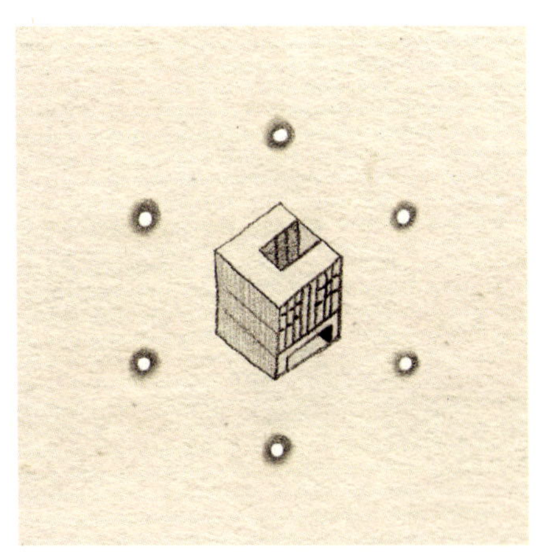

대한불교조계종 백운암 상도선원

조화로움, 경건함, 맑음 그리고 고요함의 미학

사찰의 중심부는 교주의 존상이 모셔진 큰 법당, 즉 대웅전大雄殿이다. 상도선원의 큰 법당은 지하에 자리하고 있다. 건물 구석구석마다 조화로움과 맑은 절제감, 그리고 고요하고 경건함이 배어난다. 감수성이 뛰어난 시인이 방문한 적이 있단다. 이곳의 선원장 미산 스님이 선원을 둘러보고 난 시인에게 소감과 느낌을 물어보았더니, 조화로움(和), 경건함(敬), 맑음(淸) 그리고 고요함(寂)이 아름다움으로 나타나 그저 기분이 차분해지고 좋다고 했단다. 사실상 큰 법당의 실내 장식과 장엄을 설계할 때 다도茶道를 할 때 핵심 태도인 화경청적和敬淸寂의 개념을 반영하도록 했음을 시인의 섬세한 감수성으로 정확히 읽어 낸 것이다.

상도선원을 찾으면 외양부터 다른 여느 절과는 다르다는 것을 직감할 수 있다. 단순히 전통 목조건축이 아니라는 것 때문만은 아니다. 결코 넓지 않은 공간을 쪼개 쓰면서 전혀 좁게 느껴지지 않고, 층별로 나뉜 공간의 기능을 하나도 놓치지 않는다. 말하자면 불교의 체와 용이 절제된 조화를 이룬 건축이 바로 상도선원이다.

앞 건물 전면부는 전통 창호문처럼 좁은 격자유리로 마감했다. 유리창의 수가 108개이다. 가로 세로 각각 6개 면으로 분할해서 6근과 6식을 상징한다고 한다. 중생의 번뇌가 108가지가 된다는 말이 있다. 눈·귀·코·입·몸·생각 등 여섯 가지 감각기관(六根)이 각각의 대상인 빛·소리·냄새·맛·촉감·법을 접하면서 좋다·나쁘다·그저 그렇다는 세 가지 다른 견해를 일으킨다.

결국 이 견해는 18가지이다. 또한, 대상을 받아들이는 주체의 당시 상태가 괴로움(苦), 즐거움(樂), 괴로움도 즐거움도 아닌(捨) 것으로 나뉨에 따라서 18가지 번뇌를 더 갖게 되면서 번뇌는 36가지로 늘어난다. 36가지 번뇌는 다시 과거·현재·미래의 변화를 겪으며 3배로 늘어나게 되어 108개로 늘어난다는 것이다.

이와 같이 내가 들었다. 어느 때 부처님께서는 슈라바스티 제타숲 외로운 이 돕는 장자의 동산에 계시었다. 때에 어떤 생문生聞 바라문은 부처님 계신 곳에 나아가 인사하고, 인사한 뒤에 한 쪽에 물러앉아 부처님께 여쭈었다.

"고타마시여, 일체一切라고 하는 것은 어떤 것을 말합니까."

부처님께서는 바라문에게 말씀하시었다.

"일체란 곧 십이처十二處이니, 눈(眼)과 빛깔(色)·귀(耳)와 소리(聲)·코(鼻)와 냄새(香)·혀(舌)와 맛(味)·몸(身)과 부딪쳐짐(觸)·뜻(意)과 법法이다. 이것을 일체라 한다. 만일 다시 어떤 사람이 '이것은 일체가 아니다. 나는 이제 사문 고타마가 말하는 일체를 버리고 따로 다른 일체를 세우겠다'라고 말한다면 그것은 다만 말만 있을 뿐이니 물어보면 알지 못하여 그 의혹만 더할 것이다. 무슨 까닭인가. 참으로 있는 경계境界가 아니기 때문이다."

때에 생문 바라문은 부처님의 말씀을 듣고 기뻐하여 받들어 행하였다.

-《잡아함경》 권13, 〈일체경一切經〉

사람이 자기 밖의 사물이나 세상을 받아들이는 여섯 가지 감각기관이
육근이요, 그 대상인 색성향미촉법色聲香味觸法과 인연이 되는 12처가 일
체요, 이외에 다른 세계가 없다는 말씀이다.

따로 일주문도 불이문이나 천왕문도 없는 절 상도선원에서 만나는 첫인 상이 바로 108 격자유리벽이다. 거기에 바로 부처님께서 깨달은 세계관, 인연법이 담겨 있음을 아는 사람이 몇일까? 또 이 유리벽면에는 불투명 한 유리 셋이 있다. 각각 석가모니불과 문수보살, 보현보살을 상징한다 고 한다. 절에서 만나는 첫 인상 속에서 핵심 교리와 형상을 다 만난다.

절에 가면 길지 않은 거리지만 일주문에서 법당에 이르는 길은 대개 밋 밋한 일직선이 아니다. 높낮이를 이용해서 누각 아래를 지나게 만들거나 아니면 계단도 중간 계단과 건물 양편 계단으로 번갈아 올라가게 하면서 궁극에 이를 법당을 쉽게 보여주지 않는다. 문이나 계단이 없어도 길 자 체를 인위적으로 느껴지지 않게 살짝 휘게 만들기도 한다.

여건이 되는 사찰은 중간에 금강문, 천왕문, 불이문 등등의 문을 세워서 걸어가는 중간중간 경계를 지워서 경건한 마음가짐을 거듭거듭 여미게 하는 장치를 두기도 했다.

시공간의 무한함 속에서
자신을 발견하다

절은 불교적 세계관을 재현한 상징체계
다. 지옥에서부터 하늘 끝 도솔천에 이르
는 33천의 과정을 담아내고 있다. 궁극의
깨달음이자 해탈, 열반인 법당에 이르기
까지의 과정을 상징하고 있다. 마음을 한
데 모으는 일주문을 지나고 무시무시한
표정과 몸짓으로 을러대는 금강역사와 사
천왕도 두려움 없이 지나서 마침내 평평한
법당 마당에 올라선다.

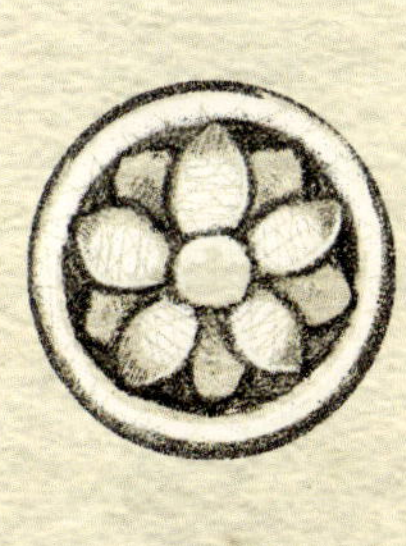  

대궐 같은 기둥과 들보, 정갈한 기왓골이 죄인처럼 절로 스며든 나를 압도하고, 화려한 단청과 정성이 배어나는 정교한 탱화들은 태고적부터의 옛이야기를 간직하고 있는 듯하다.

세월의 무게를 그대로 간직한 탑과 석등에 새겨진 연꽃과 당초와 구름 문양들은 오랜 세월이 지난 지금 금방이라도 새로 피어날 것처럼 시간과 공간의 차이를 의미 없게 만들어 버린다.

종교 건축은 모름지기 개인의 의식세계를 압도하는 힘이 있어야 한다. 그것이 작은 공감이든 커다란 감동이든 아니면 두려움이나 외경이든 사람 하나하나에게 끝없는 시간과 공간 속에서 자신의 존재를 자각하게 하는 가르침이 담겨 있어야 한다.

상도선원의 비움과 채움이 반복되는 공간 구조 속에 종교 건축의 상징 체계들이 곳곳에 숨어 있다. 두 동의 건물 가운데 전면에 배치된 공간에는 어린이법당인 나한전과 도서관이 자리 잡고 있다. 뒤편 건물에는 지상층에는 요사와 공양간이 자리 잡았고 지하층 가장 깊숙한 곳에 주불인 석가모니 부처님이 앉아 계신다.

마치 석굴암이나 돈황처럼 석굴사원 양식
을 차용한 듯한 이 공간 배분은 상도선원
의 가장 큰 특징이다. 가장 높은 곳에 부처
님을 모셔야 한다는 암묵적인 원칙이 여기
서는 여지없이 깨져버렸다. 대개 도심에 세
워진 현대식 사찰이 토지 규격을 알뜰하게
사용해서 세모난 건물을 올리고 맨 꼭대기
층에 기와를 올린 법당을 조성하거나 난
간에 기와를 돌려서 기능과 의미를 절충한
이도저도 아닌 건물을 만드는 것이 유행인
데 상도선원은 그런 애매한 절충을 거부하
고 새로운 기준을 제시했다.

왼쪽에는 앞뒤로 고도 차이를 둔 채 놓인 두 건물을 지그재그로 잇는 계단이 유리창으로 노출되어 있다. 소통과 공감의 정신이 배어 있는 계단 칸이 리듬감 있게 외부로 보여진다. 밖에서는 안이 보이고 안에서는 밖의 나무와 커다란 돌 탁자에 둘러서서 커피를 볶거나 담소를 나누는 사람들 모습에 관심 갖게 만드는 구조다. 그 자체가 소통이다.

상도선원의 내부는 현대적인 유리 외관과 달리 각종 목재로 마감 처리한 따뜻한 느낌의 집이다. 실내 계단은 압축강도가 강한 아프리카 산 부빙가 원목을 썼고, 뒷 건물은 적삼목으로 고풍스런 한옥의 운치를 연출했다. 도서관인 장경각에는 고건축에서 뜯어낸 오래된 목재로 책상과 의자 등을 만들어 전통의 재료와 현대적 기능이 공존하는 공간으로 만들었다.

신소재 부처님,
새로운 시도가 숨은 공간

법당 안은 많은 기호와 상징이 집약된 곳
이다. 법당 안에 어떤 부처님을 모셨나 하
는 자체부터 그 부처님이 하고 있는 손짓
(수인)은 무엇인가까지 알고 보면 속속들
이 기호와 상징이 아닌 것이 없다. 부처님
이 앉아 있는 수미단과 머리 위로 화려하
고 정교하게 만들어진 닫집, 천정의 그림
들과 기둥 사이 공포 장식, 그리고 탱화와
문살 모양들도 모두 마찬가지다.

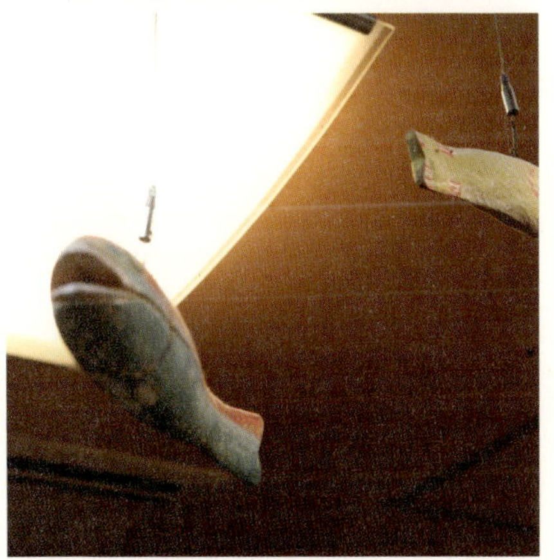

상도선원 본존불은 낯선 은빛 금속 물체인 두랄루민으로 만들어진 비로자나부처님이다. 두랄루민은 20세기 초에 독일의 야금학자 알프레트 빌름이 발견한 신소재 금속이다. 비행기 몸체나 자동차 바퀴의 틀을 만들 때 사용하는 금속으로 국내에서는 생산되지 않는다. 미국을 비롯해서 생산하고 수출하는 나라에서는 용도를 밝혀야만 겨우 수출을 허락하는 수출 통제 품목 가운데 하나다.

아마도 상도선원 부처님은 두랄루민으로 조성된 최초의 부처님일 것 같다. 차가운 은빛이지만 유려한 곡선과 천정에서 비치고 있는 조명은 이 부처님을 바라볼수록 친근감이 느껴지는 따뜻한 부처님이다. 상호와 법신, 그리고 좌대에 이르기까지 완성된 비율이 더 그렇게 느껴지게 한다. 석굴암 부처님이 동서양을 막론해서 당대 가장 아름다운 부처님으로 손꼽히듯이 상도선원의 부처님 또한 양식과 소재 등을 아울러서 현대를 대표하는 가장 아름다운 부처님으로 꼽힐 것 같다.

이 부처님은 조각가 서창원 씨가 불모佛母
가 되어 모셔졌다. 서창원 씨는 이미 만해
마을에 있는 만해 스님의 입상과 흉상 등
을 만들면서 불교와 깊은 인연을 가진 조
각가다. 2015년 10월에는 서울 법련사 전
시관에서 〈무구無垢의 미소〉 전展을 열어
보조 스님과 자운 스님, 금동문수보살상,
청동여래상 등을 전시하기도 했으며, 대
통령의 여름 휴가지인 청남대에 실물 크기
의 역대 대통령상을 만들어 전시한 조각
가로 유명하다.

본존불상 뒤편에 탱화 대신 작은 불상이 완만한 반원형 벽면을 가득 메
우고 있다. 본존불상과 이 작은 불상들 사이에는 공중을 자유롭게 날고
있는 비천상도 보인다. 본존불 뒤편의 이 불상들은 여느 사찰 천불전이
나 삼천불전 같은 원불과는 형태와 의미가 전혀 다르다. 원불이면 앞에
○○기원, ○○발원 같은 기원문과 이름이 전혀 보이지 않는다. 오히려
불상 뒤에 그려 모신 탱화를 현대적 조형으로 재해석했다는 느낌이 더
강하다. 천정의 둥근 연꽃 모양의 조명과 본존불 뒤 허공에 떠 있는 비천
상도 광배光背와 닫집에서 모티브를 얻어 새롭게 창조한 이 시대 불교미
술의 걸작으로 보인다.

돈황 벽화풍 탱화, 은은한 한지등

법당 본존불 후불탱화는 없지만 정면에서 바라볼 때 좌우측 모서리 석굴암 전실 금강역사상이 새겨진 양쪽 모서리 부분에는 양쪽 모두 낯선 벽화가 그려져 있다. 얼핏 보면 '화엄경변상도' 같기도 하고 또 다시 보면 스리랑카 시기리야 암벽에 그려진 프레스코 벽화 같기도 하다.

비슷한 풍의 그림은 좌우편 영단과 신중단에도 그려져 있다. 영단에는 조선 후기 감로탱처럼 친근한 민속화풍이요 오른편 신중단에는 위태천을 중심으로 호법신장을 그려 모셨다.

신중이란 부처님께서 법을 설할 때 모여든 신 가운데 장수신을 뜻한다. 오른편 신중탱화 아래 부분에 추상화처럼 그려진 104개의 네모난 카드가 붙어 있다. 《석문의범》에서 소개하고 있는 불법을 옹호하는 104위 신중을 표현한 그림으로 각기 다른 선과 형상으로 104위 호법신중을 표현했다.

104위 신중은 상단에는 금강회상의 석가여래 화현인 대예적금강성자大穢蹟金剛聖子와 주문을 호지하고 불법을 수호하는 8금강, 동서남북 사방을 지키는 4보살, 여래께서 제도하기 어려운 중생을 제도하기 위해 분노하는 모습을 나타낸 10대 명왕이 있다.

중단에는 도리회상의 제석천왕과 사대천왕, 밀적금강, 비사문천왕, 위태천왕 등 천신과 더불어 사가라용왕, 염라대왕, 자미대제, 북두칠원성군을 비롯한 팔부신중이, 하단에는 옹호회상의 호계대신, 복덕대신, 토지신, 도량신, 가람신, 조왕, 산신, 수신, 화신, 금신, 목신, 토신 등으로 부처님 당시 인도와 중국의 도교와 우리 토속신까지 아울렀다.

그 가운데 중앙에 자리 잡은 호법신중은 동진보안대보살로 알려진 위태천신이다. 유리광불이 출현했을 때 도를 이루어 보안보살이라 불렸고, 그 후 석가여래 회상에서 다시 도를 이루어 동진보살로 불린다. 팔만사천 근이나 되는 금강보저를 손에 들고 부처님이 세상에 나올 때마다 불법을 보호하겠다고 서원을 세웠는데, 신중탱화에서 예적명왕과 함께 가장 중요한 인물로 등장한다.

위태천을 비롯한 104위 신중은 팔만사천 신중의 대표자들로서 이들은 모두 여래의 화현이요, 법을 듣고 발심해서 법과 법을 호지하는 자를 보호하고 도량을 수호할 것을 맹세한 옹호성중이다.

짙은 황갈색 바탕에 가는 선묘로 그려진 이 벽화들은 돈황 화가로 잘 알려진 서용 씨의 작품이다. 중국에서 7년 간 벽화를 공부하고 돌아와 지금도 자주 돈황을 찾는다는 서용 씨가 돈황 벽화를 모티브로 우리 탱화를 색다르게 재현해낸 것이다.

법당에 불을 켜고 불상을 보면 부처님 손 그림자가 가슴에서 연꽃으로 피어난다. 조명에 적지 않은 신경을 썼음을 알 수 있는 부분이다. 살펴보면 불상과 주변에 전혀 음영에 생기지 않게 배려한 용의주도함이 법당 내 조명시설 곳곳에서 느껴진다.

불상과 탱화를 비추는 조명만이 아니라 실내를 밝히는 조명도 직접 조명은 전혀 보이지 않는다. 은은한 한지로 광원을 감싸서 포근하고 편안한 분위기를 연출한다. 여느 절 법당에서도 눈에 치이던 꽃분홍색 연꽃등과 주렁주렁 이름을 달고 있는 등표도 여기서는 보이지 않는다. 일 년 쓰고 버리는 연꽃등에 비해 이 사각 한지등은 반영구적이기도 하고, 실내조명을 겸하면서 법당의 격조를 높여 주고 있다.

사각 모양의 이 한지등은 한지공예가 김정순 씨의 작품이다. 종로구 재동에 있는 종이나무 갤러리 대표로 빛과 한지의 조화를 모티브로 작품 활동하고 있다.

한 자리 모인 여러 장르 미술작품들

어느 날 여름 화가 장욱진은 통도사를 찾았다가 경봉 스님을 만난다. 경봉이 대뜸 장욱진에게 "당신은 뭘 하는 사람이요?" 하고 물었다. 장욱진은 자신을 "까치를 잘 그리는 사람입니다." 하고 답했다. 그러자 스님은 "입산을 했더라면 진짜 도꾼이 됐을 것인데." 하고 말하자 그는 "그림을 그리는 것도 같은 길입니다." 하고 답했다고 한다. 그 대답을 듣고 경봉 스님은 흡족해 하면서 "쾌快하다."라고 답하면서 그에게 '비공非空'이라는 법명을 지어 줬다고 한다.

그리고 장욱진에게 다음과 같은 선시 한 수를 적어 주었다.

"장비공 거사, 까악까악
나도 없고 남도 없으면
모든 진리를 자유롭게 깨달아 알 수 있을
것이며,
없는 것도 아니고 있는 것도 아닌 데서
부처의 모습을 본다."

상도선원을 들어서면 오른편에 작은 찻집과 종무소가 있고 왼편으로 돌면 계단이 나온다. 아래로 가면 법당이요, 위로 올라가면 요사와 공양간, 어린이법당, 도서관(장경각) 등이 차례로 나온다.

법당 계단을 내려가는 오른쪽 벽면은 말 그대로 갤러리다. 계단 옆 작은 사각 틀 속에는 한국적 추상화의 지평을 열었다는 평을 받는 장욱진 화백의 그림처럼 새와 나무가 들어앉아 있다. 이 밖에도 마치 돈황과 같은 석굴사원을 의미하는 듯한 여러 개의 굴 속에 앉아 정진하는 부처님들, 사라쌍수 같은 두 줄기 나무가 화장세계를 피워 올린 모습 등이 돌처럼 견고한 바탕 위에 그려져 있다.

작은 조형미술품으로만 알기 십상인데 다가가서 더 찬찬히 뜯어보면 돌이나 금속 위에 단순히 그림을 그린 것이 아니다. 형태를 만들고 그 위에 가느다란 금실, 은실을 박아 넣어 완성시키는 입사入絲 작품들이다. 상단, 중단, 영단의 촛대와 향로 그리고 다기도 역시 이경자의 작품이다. 현대적 느낌의 불상과 불화에 잘 어울리게 세련된 디자인과 함께 전통기법으로 입사했다. 이경자는 조선시대 마지막 입사장인 이학응 옹의 제자로 경기도 무형문화재 제19호로 지정된 입사장入絲匠이다.

지하 법당 문 앞에 서면 부처님 시선이 머무는 반대편 벽에는 커다란 일원상과 그 아래로 백양사 조실이었던 서옹 스님의 휘호, '일일시호일日日是好日' 글씨가 도자기로 구워져 붙어 있다. 선원 입구에 들어서면 왼쪽에 도자기로 쓰인 '무無자화두'가 걸려 있다. 글자를 도자기로 굽는 문도불이文陶不二의 도예가 변승훈의 작품이다. 그 옆으로는 물결과 물고기가 거세게 휘돌아가는 모양의 그림이 걸려 있다. 장자에 나오는 소요유逍遙遊를 모티브하여 승려화가 성륜 스님이 그렸다.

계단을 내려오면서 보는 작품 하나하나가 녹록치 않은 기운이 느껴지는 작가들의 역작이다. 계단을 올라가면 3층 나한전에는 어느 절에서도 볼 수 없는 나한상들이 제각기 표정을 지으며 앉아 있다. 오두 경주 황등석으로 만든 따뜻하고 정감 느껴지는 나한님들이다.

천주교 신자인 최종태 서울대 교수가 성북동 길상사에 마리아를 닮은 관음보살상을 조성하자 불교신자인 오채현이 바티칸 한국대사관에 한복 입은 성모마리아상을 조성해 보냈던 적이 있었다. 한복에 물동이를 머리에 인 서민적인 성모상을 조성한 작가가 바로 오채현이다.

이곳 상도선원 3층 나한상들을 조성한 사람이 오채현 작가다. 경주 출신답게 그가 조성한 모든 불상은 공통적으로 삼화령 애기부처님처럼 해맑은 미소를 짓고 있다. 마침 나한전 법당은 상도선원에서 어린이법당으로 사용하고 있다고 한다. 아이들 마음속에도 천진스런 나한의 표정과 미소들이 옮겨져 피어날 것만 같은 느낌이다. 아이들의 몸과 마음에 실제로 치유가 일어났던 여러 사례들이 있다. 따스함과 훈훈함이 배어나는 공간이다.

곳곳에 배인 장인들의 솜씨는 상도선원
을 찾는 사람들에게 안복安福 이상의 청량
한 행복감을 준다. 고즈넉한 전통사찰에
서 받는 위안도 소중하지만 거기에 그치
지 않고 사람들에게 현재를 어떻게 살고
미래를 어떻게 준비할 것인가 친절하게 가
르쳐주는 사찰이 바로 상도선원이기 때문
이다.

상도선원과 간화선 종장 만암, 서옹 스님

추사와 백파

"우리나라에는 근세에 율사律師로서 일종
一宗을 이룬 이가 없었는데 오직 백파白坡
스님만이 이에 해당할 만하다. 때문에 율
사라고 썼다. 대기大機와 대용大用, 이는 바
로 백파 스님이 팔십 년 동안 늘 강조한 사
항이다. 혹자는 스님이 기機, 용用, 살殺, 활
活에 지리하게 천착하였다고 하나 이는 절
대 그렇지 않다. 무릇 세상의 사물을 대함
에서 살殺, 활活, 기機, 용用의 밖으로 벗어
난 것이 없다. 그런데 사람들이 그 뜻을 알
지 못하고 망령되이 살, 활, 기, 용을 들어
백파가 고집한 착상着想이라고 하는 것은
하루살이가 느티나무를 흔드는 격이다.
그러니 어찌 백파를 안다 할 수 있으랴."

(추사 김정희)

추사(1786~1856)는 예산 생가 근처에 집안에서 창건한 화암사라는 절이 있을 만큼 신심 깊은 할머니 덕에 어려서부터 일찍 불교를 접했다. 백파 스님(1767~1852)보다는 나이가 19세나 적었지만, 동갑내기 초의 선사(1786~1866)와 차와 선담을 나누며 교류하면서 불교에 대한 안목도 상당했던 인물이다.

백파 스님의 《선문수경》에 대해서 원색적인 비난을 퍼부었지만 그 정도의 비난은 이미 서로 용인하는 관계였던 탓에 비문에 적힌 대로 편지를 수차례 주고받는 논박을 이어갈 수 있었다. 이런 관계가 만들어지게 된 계기는 다음과 같은 이야기가 숨어 있다.

시서화 모두에 능했던 추사는 평소 달마도 그리기를 즐겼다. 그런데 추
사가 달마를 그릴 때마다 사람들이 '백파 스님을 그렸군요!' 하고 말하
는 것이었다. 백파 스님을 만난 적도 없었던 추사는 그 스님이 누군지 한
번 보겠다고 마음먹었다.

마침내 백파 스님이 머물고 있다는 순창의 구암사를 찾아간 추사는 한눈에 백파 스님을 알아보고 깜짝 놀랐다고 한다. 자신이 그렸던 그림 속의 보리달마가 뛰쳐나와 실제로 현현한 모습이었다. 추사는 이때부터 백파 스님을 '해동의 달마'로 부르면서 각별한 교유를 시작했다고 한다.

백파 스님이 열반에 든 해가 1852년이요 부도와 비석을 세운 해는 1855년이라고 한다. 이 해는 추사가 죽기 1년 전이다. 그 자신도 병들어 죽음을 앞둔 상태에서 추사는 비문을 직접 짓고, 쓴 후에 무엇이 아쉬웠는지 비문을 받으러 온 설두, 백암 두 스님에게 자신이 소장하고 있던 달마대사 초상화 한 점을 더 주어 보낸다.

이 달마도를 구암사로 가지고 가서 백파 스님의 영정이라고 생각하고 조석으로 공양 올리라는 당부와 함께…. 이 달마대사 초상화는 평소 백파 스님을 가장 많이 닮았다고 평을 받았던 그림이었다.

멀리서 바라보면 달마 같은데 遠望似達磨

가까이서 보면 바로 백파로구나 近看卽白坡

흡사 차별이 본래 있는 것처럼 似有差別

불이문으로 들어가 버렸네 入不二門

흐르는 물이 오늘이라면 流水今日

밝은 달은 옛 모습이로세 明月前身

추사가 쓴 백파 스님의 비문에서 '대기대용大機大用'은 큰 자질을 갖춘
사람이 크게 작용함을 의미한다. 즉, 깨달음의 경지에서 나오는 자유자
재, 여여부동如如不動한 세계를 말한다. 활인검活人劍과 살인검殺人劍을 능
수능란하게 구사하는 경계다.

추사는 백파 스님이 돌아가시기 전 두 개※의 이름을 지어서 백파 스님이
마음에 들면 쓰고 아니면 후대의 인물에게 주라고 했다. 백파는 자신이
그 이름을 쓰지 않았다.

※ 혹은 다섯 개라고 한다. 즉, 설두(雪竇), 다륜(多輪), 환응(幻應), 석전(石顚), 만암(曼
庵)이 그것으로 그중에 설두는 설두유형雪竇有炯(1824~1889), 환응은 환응탄영
幻應坦泳(1847~1929), 석전은 석전정호石顚鼎鎬(1870~1948), 만암은 만암종헌曼
庵宗憲(1875~1957)에게 그 호가 각각 주어졌고, 다륜은 대흥사의 한 스님에게
돌아갔다고 한다. 그런데 추사가 직접 옆에 시까지 써서 준 그 법호들은 지금껏
남은 것이 없고 오직 만암 스님께서 간직했던 것만 남아 있다고 한다. 백양사 주
지 스님 방에 보관 중인 그 문서에는 다음과 같은 시가 적혀 있다.

만암(曼庵)
하늘꽃은 더러움에 물들지 않고(天花不染)
사자는 자주 기지개를 켜네(獅子頻申)
이 뜻을 전하는 자는(轉此義者)
불법을 뜻대로 펴리라(如意法輪)

밝은미소
행복도량백양사

추사가 대기대용의 후학에게 주라고 써준
이름을 백파 스님의 7세 법손인 박한영 스
님이 받게 되었다. '석전石顚'이 명석한 머
리를 뜻하는 '돌이마'라는 뜻이라면, 또
다른 하나는 아름다워서 오래도록 마음이
끌리는 절이란 뜻의 '만암曼庵'이다.

아름다워서 길게 마음 끌리는 절

서산휴정西山休靜 스님에서 편양언기鞭羊彦機로 이어지던 한국불교의 법맥
은 풍담의심楓潭義諶-월담설제月潭雪霽-환성지안煥醒志安-호암체정虎巖體淨
-연담유일蓮潭有一로 이어진다. 앞서 백파 스님은 연담유일 스님 대부터
갈리어져 두 문중을 합쳐서 통칭 연백문도회로 불린다. 연담유일 스님의
'연' 자와 백파긍선 스님의 '백' 자를 합친 명칭이다.

백양사는 이 연백문도회의 중심 사찰이
다. 추사가 지어준 이름 두 개 가운데 하
나인 만암曼庵은 7대를 거치며 아끼고 아
껴서 이 백양사 조실이었던 만암종헌曼庵
宗憲 스님에게 주어지게 된다.

석전 박한영 스님은 1926년부터 서울 안
암동에 있는 개운사 대원암에서 강석을
펼치고 불교계의 영재들을 양성했다. 그
의 문하에서 배출된 스님 가운데는 만암
曼庵, 운성雲性, 운기雲起, 청우靑牛, 남곡南谷,
청담靑潭, 운허耘虛, 일붕一鵬 등 다수가 있
었다. 그 중에서도 만암 스님은 박한영 스
님의 조선불교조계종의 교정을 이어받을
만큼 상수제자로 꼽혔다.

四天王門

曼庵大宗師 古佛叢林道場
이뭣고

만암 스님은 여덟 살 때 백양사 취운도진 스님에게로 출가했다. 이어서 백양사 전문강원에서 환응 스님으로부터 사미와 사집을 이수한 뒤, 열여섯 살 때 구암사 전문강원에 들어가 박한영 스님에게 사교과를 배웠다. 해인사와 선암사에서 각각 대교와 수의과를 마친 후 1898년 백양사 운문암에서 환응 스님에게 전강을 받게 된다.

이후 운문암과 청류암에서 강석을 펼치고 후학에게 강의하다가 1907년에는 해인사 강백에 추대되어 한때 해인사로 강석을 옮기기도 했다. 그러나 만암 스님은 교학만 치중하지 않고 백양사 선원과 운문암 선원에서 각각 5안거씩 도합 10안거를 정진했다. 운문암에서 정진하던 어느 날 뇌성벽력 소리가 천지를 진동하는 소리에 스님은 홀연히 밝아진 세상을 보게 된다.

만암 스님은 그 경계를 말로 다할 수 없어 당시 운문암 조실로 있던 백학명 선사 방으로 달려가 느닷없이 학명 스님을 등에 업고 덩실덩실 춤을 추며 다음과 같은 오도송을 읊었다고 한다.

보배 칼을 마음대로 쓰고 寶刀饒遊刃

밝은 거울은 앞과 뒤가 없도다 明鏡無前後

두 가지 몰아 한 바람 兩般一樣風

뿌리 없는 나무에 불어 닿는다 吹到無根樹

내가 날 없는 칼을 잡아 吾將無刃劍

노지의 소를 잡아서 割來露地牛

도소주와 함께 공양을 올리니 屠蘇兼供盡

어느 곳에 은혜와 원수가 있을꼬 何處有恩讐

만암 스님은 박한영 스님에 이어 조선불교조계종 교정이었던 월정사 방한암 스님이 1951년에 열반에 드시자 이어서 제3대 교정에 모셔졌다. 이후 1954년 9월 이른바 정화운동이 시작되면서 비구 스님들에 의해서 거듭 종정에 모셔지고 부종정에는 동산 스님, 도총섭에는 청담 스님이 함께 모셔지기도 했다.

정화운동에서 가장 아쉬운 순간

그러나 정화운동의 방향에 대한 비구 대표자들의 의견이 서로 달라 이를 조정하는 과정에서 만암 스님은 백양사로 내려가 은거하게 된다. 이때의 이야기를 백양사 전 방장 수산 스님의 육성을 통해 들어본다.

"(만암 스님께서) 선학원에서 (독신승 측을) 설득했다고 하시데요. 대처 승의 기득권을 인정해 주면서 점차적으로 정화하고, 대처승에게 상좌를 두지 못하게 하며 이판·사판을 가리자고 말입니다. 당시 독신승은 비 구니를 합쳐도 270명 정도에 불과했습니다. 1,700개 사찰이 있었는데, 한 절에 한 명씩만 보낸다 해도 관리할 수 있는 처지가 못 되었단 말입니 다. (만암 스님은) 그래서 점차적인 정화를 강조하셨고, 우선 삼보사찰 을 정화해 인재를 양성하고, 대처승들을 적절히 활용할 필요가 있다고 하셨지요. 헌데 사흘만인가, 청담 스님이 '산모가 위급한데 수술을 안 하면 산모·아기 둘 다 죽는다' 며 강경한 입장을 보였다고 합디다. 그런 저런 끝에 만암 스님은 백양사로 내려오셨지요."

수산 스님, 〈불교포커스〉 2006. 10. 13. 장로대담 중에서

이때 만암 스님이 백양사로 내려온 사이 서울에서는 독신승과 경찰병력 등이 동원돼 태고사 현판을 내리고 조계사 현판을 거는 일이 있었다고 한다. 독신승 측에서 다시 만암 스님을 찾아가서 상황을 보고하니, 만암 스님은 태고사 현판을 떼어내 불살랐다는 얘기를 듣고 진노했다. 태고 사는 종조 태고보우 국사를 상징해 명명한 것인데, 이를 내리고 조계사 현판을 올린 것은 종조를 갈아 치운 거나 진배없다는 것이었다. 이후 만암 스님은 종정직을 사임했다.

이른바 비구와 대처승을 수행승과 행정승으로 모두 끌어안아 화합승가를 이루어야 한다는 만암 스님의 주장이 이루어졌다면 15년 넘게 종단이 싸움에 휩싸일 염려가 없었을 것이다.

또한 교학과 의식 등에 밝은 대처승 측의 인재들을 종단이 배제할 필요도 없었을 것이며, 그 뒤로도 오랜 기간 동안 이어져 온 정화운동의 후유증도 없었을 것이라 생각하니 만암 스님의 주장이 받아들여지지 않은 것은 정화운동에 있어서 가장 아쉬운 부분이 아닐까 하는 안타까움이 남는다.

만암 스님은 또한, "받아먹기만 하는 불교는 망하고, 나누어줄 줄 아는 불교라야 산다."고 역설, '시주만 받아먹고 사는 불교'에서 '생산하는 불교'를 주창하고 몸소 실천에 옮기신 분이었다. 1950년대에 이미 시주에만 의지하던 절 살림을 개혁해서 자립경제 기반을 확립하지 않으면 안 된다고 주장하며 수행자들로 하여금 대바구니를 짜고, 꿀벌을 치고, 곶감을 만들고, 치자나무를 식재해서 약용치자를 수확하게 했다.

또한, 백양사 농토를 승려들이 직접 울력으로 경작케 해서 일 년에 겨우 40석 거둬들이던 벼를 일 년에 800석 수확하는 성과를 올리기도 했다. 하지만 만암 스님의 큰 뜻은 효율적인 자립경제에 매이기만 하지는 않았다. 어느 해 흉년이 들어 백양사 주변의 농민들이 기아에 허덕이고 있을 때였다. 만암 스님은 백양사 앞 개울에 둑을 쌓는 일을 시작했다. 백양사 인근의 농민들을 불러다가 둑을 쌓게 하고는 그 품삯으로 곡식을 넉넉하게 지급하게 했다.

그 일은 매년 음력 2월 보름이면 반복됐다. 어느 해에는 멀쩡한 보를 허물고 다시 쌓게 하기도 했다. 그래서 인근에서는 '백양사 보는 마을 사람들 금고'라는 말까지 나왔다. 절 살림도 어렵지만 섣달그믐에는 절에서 쌀과 두부를 마을 사람들에게 나눠 주기도 하고, 사찰 주변에 유실수를 심는 일을 벌여 주민에게는 일자리를 제공했다.

이 밖에도 백양사 청류암에 광성의숙廣成
義塾을 설립하고 종래의 강원제도를 혁신
한 불교 교육을 펼치기도 했다. 광성의숙
에는 약 100여 명의 학인들이 모여 선과
교·율 등을 공부하며 외전外典에 대한 교
육도 병행했다.

만암 스님은 1917년부터 10여 년에 걸쳐
백양사 중창불사에 착수한다. 현재 백양
사의 가람은 이때 불사를 통해 완성된 것
이다. 중창불사 회향 이후 스님은 교육사
업에 더욱 큰 원력을 냈다. 1928년부터 3
년간 동국대학교의 전신인 중앙불교전문
학교 초대 교장직을 역임했으며, 1947년
에는 광주 정광중학교를 설립해서 7년간
교장직을 역임하기도 했다.

만암 스님의 생산불교는 시대의 요구에
맞게 전남여객버스회사와 동광유지 회사
등을 설립하고 운영하는 일로 발전했지만
오래 유지되지는 못했다.

백암산 돌호랑이

1957년 1월, 만암 스님은 문도들을 큰방
에 모이게 했다.

"나 사흘 후에는 옷을 벗어야겠다. 이것
봐, 서옹! 사람은 누구나 옷을 벗을 때가
되면 벗어야 하는 게야. 나 죽거든 간단하
게 화장을 하게."

만암 스님은 맏상좌 서옹 스님에게 당부
하며 전법게를 내렸다.

백암산 위에 한 사나운 범이 白岩山上一猛虎

한밤중 돌아다니며 사람을 다 물어 죽이네 深夜橫行咬殺人

단풍나무 사이로 맑은 바람 불며 포효하니 楓楓淸風飛哮吼

가을 하늘에 밝은 달빛은 서릿발처럼 차갑다 秋天皎明冷霜輪

이윽고 1월 10일 만암 스님은 다시 서옹 스님을 불렀다.

"아마도 밖에 눈이 오는 것 같구나. 어디 문을 좀 열어보아라."

"……."

"저렇게 눈이 오면 명년 농사가 풍년 들겠구나."

만암 스님은 쌓인 눈을 바라보며 엷은 미소를 지었다.

"나, 손발 씻고 옷 갈아입어야겠다."

"……."

저녁 때 스님은 손발을 깨끗이 씻고 가사장삼을 새로 갈아입고는 제자들과 함께 죽로차를 마셨다.

"과연 우리 백양사 죽로차 맛이 제일이구나. 지금 몇 시더냐?"

"……."

대중들이 지켜보는 가운데 스르르 눈을 감은 만암 스님은 그대로 앉은 채 열반에 들었다. 스님의 세수는 81세요 법랍은 71세였다.

서옹 스님은 1932년 양정고보를 졸업하던 해에 백양사에서 만암 스님을 은사로 출가했다.

다음은 백양사 고불총림 방장인 지선 스님이 전하는 서옹 스님 출가담이다.

"(전략) 그 당시 서옹 스님이 다녔던 양정 고보에는 김교신金敎臣 선생과 을사늑약 시 〈시일야방성대곡是日也放聲大哭〉 사설을 쓴 장지연張志淵 선생 등 큰 스승들이 지도하고 있어 '애국정신'과 '인간교육'에 감명 받았습니다.

그때 스님은 또한 가장 존경하는 위인 두 분을 만났습니다. 김교신 선생이 들려준 '간디'와 서적으로 만난 '석가모니 부처님'이 바로 그 두 분이지요. 간디의 성자적인 모습과 비폭력적 무저항주의에 감명 받은 스님은 도서관에서 간디 자서전과 일어판 불교서적을 탐독하기 시작했습니다.

간디처럼 살아야겠다는 생각이 불교의 해탈과 열반사상을 의지해 살겠다는 생각으로 바뀌고, 그러다가 마침내 서울 각황사(현 조계사 건너편)에서 김대은 스님을 만나게 됩니다. 스님은 당대 최고의 경학을 갖춘 대은 스님의 법문을 들으며 선학원을 찾아 불교에 깊이 침잠하게 됩니다. 운동회나 휴일에는 하루 종일 불교서적을 탐독하곤 했습니다.

스님은 양정고보를 졸업할 때가 되어 다시 진로문제로 고민하게 되는데, 집안에서 경성대학 예과를 권했으나 한사코 사양하고 중앙불교전문학교(현 동국대 전신)에 입학하게 됩니다. 뛰어난 성적으로 경성대에 입학할 것으로 믿었던 가족과 친구들은 경악하고 말았다고 합니다.

스님은 중앙불전 시절에도 나라를 뺏기고 짐승과 다를 바 없이 사는 민족을 보면서 현실과 이상이 상반되는 괴리감과 허무감에 고민했고, 출가를 결심했습니다. 민족현실 앞에 자신의 연약함과 무기력감을 참을 수 없었다고 하죠.

결국 승려생활을 결심하고 대은 스님을 만나 입산하겠다는 뜻을 밝히자 뜻밖에 대은 스님은 '고등학교를 나온 사람이 왜 고생스런 중노릇 하려 하느냐'며 말렸다고 합니다. 흔들림 없는 스님을 보고 대은 스님은 '그래도 정히 출가하고 싶으면 열심히 관세음보살 기도를 하라' 하여 법화경 보문품을 지극 독송했다고 합니다.

그 뒤 대은 스님이 서울에 와 계시던 백양사 송만암 스님을 소개해 1932년 드디어 출가하게 된 거죠."

이후 오대산 상원사 한암 스님 문하에서 탄허, 고암, 월하 스님 등과 함께 참선 수행을 했고, 중앙불교전문학교(현 동국대) 2학년을 마치고 일본 임제종 묘심사 파에서 운영하는 교토 임제대학으로 유학을 가서 2년 동안 근대식 교육을 받았다. 귀국 후에는 백양사, 해인사, 동화사, 파계사, 봉암사 등 제방 선원을 돌며 수행을 계속했다.

華嚴宗主白坡大律師
大機大用之碑

1962년에는 동국대학교 선원장을 지냈고
천축사 무문관, 동화사, 봉암사 등의 조실
로 수좌들을 지도하다가 조계종 제5대 종
정으로 추대되었다. 은사 만암 스님에 이
어 한국불교의 정신적 지주인 종정이 다시
백양사 문중에서 배출된 것이다.

서옹 스님은 평생을 참선 수행으로 일관하며 한국불교의 전통인 조사선의 전통을 선양하려는 노력을 경주했다. "위기에 처한 세계를 구제하는 길은 인간문제를 근원적으로 확철대오廓徹大悟하게 깨닫는 조사선이라야 가능하다."며 "조사선이라야 과학문명의 노예로 전락한 인간을 해방시킬 수 있다."고 역설했다.

서옹 스님은 "인간의 근원적 주체성은 어디에도 걸림 없이 자유자재한 인간의 참모습을 지칭한다."고 설명하면서 항상 참사람 결사의 중요성을 강조했다. 서구문명은 중세에 이르기까지 인간은 신에 의해서 창조되었기 때문에 종속된 존재로서의 가치를 소중히 여기며 살면 된다고 생각했다.

그런데 근대 이후 르네상스시기에 인본주의가 대두되면서 과학적 경험주의, 이성주의가 태동하고 급기야 과학이 세상을 지배하는 세상이 되었다.

과학적 합리주의와 자유민주주의가 오늘날 인류문명을 주도하면서 인간의 의지나 욕망이 세상을 움직이는 원동력이라 믿게 된 것이다. 문제는 성욕이든, 권력욕이든, 명예욕이든 인간의 욕망이 앞서면서 투쟁이 불가피해지고 대립과 갈등의 악순환이 자리 잡게 된 것이다.

서옹 스님은 이런 인간 욕망에 기초한 대립과 갈등의 세계를 극복하기 위해 1995년 초겨울, 참사람 결사를 주창했다. 당시 발표했던 〈참사람 결사문〉을 분석해 보면 다음의 다섯 가지 주제로 요약된다.

첫째, 인류가 직면한 문명사적 위기의 원인은 인간이 물적 욕망의 노예가 된 것에서 찾아야 하며, 그 결과 생태계의 오염과 환경 파괴, 극대화된 국가이기주의 등이 발생했다.

둘째, 참사람이란 자각한 사람의 참모습으로 유물, 유심, 무의식, 하느님, 불조에도 구속받지 않는 자로서 광대무변한 공간과 영원무한한 시간 속에서 역사를 창조하는 절대 주체를 말한다.

셋째, 변증법에서 볼 때는 역사는 모순과 대립, 투쟁의 반복이지만 참사람의 역사관으로 볼 때 모순과 대립조차도 본질적으로는 자비와 평화를 바탕으로 하고 있기 때문에 지금, 여기에서의 평화가 가능하다.

넷째, 참사람은 절대적 사랑의 주체이다. 즉, 모든 사람은 본래 자비의 주체이다. 신의 사랑은 절대적이지만 신과 인간 사이의 불평등한 주종적인 관계를 전제로 한다. 하지만 참사람의 참사랑은 횡적 넓이의 평등이자 종적 깊이의 평등이다. 종횡으로 평등하여 무연자비無緣慈悲라고 부른다. 이것은 큰 지혜를 바탕으로 한 절대 평등의 자비이다.

다섯째, 인류가 훌륭하게 잘 살려면 어디에도 걸리지 않고 활발발하고 무애자재하게 참사람주의로 살아야 한다. 서원을 세우고 그것을 실천하는, 자비의 실천 속에서 수행의 목적을 찾아야 한다.

<참사람 결사문>의 이런 주제의식은 뒤에
덧붙인 <참사람 서원문>에서 다시 한번
강조되면서 서옹 스님의 의도가 좀더 분명
해진다.

첫째, 무상무주無相無住의 참나를 깨달아 자비생활慈悲生活을 합시다.

둘째, 어디에도 걸림 없이 자유자재하여 세계인류가 평등하고 평화스럽게 사는 역사를 창조합시다.

셋째, 자기와 인류와 생물과 우주가 영원의 유일생명체唯一生命體이면서 각각 별개이므로 서로 존중하고, 서로 도와서, 집착함이 없이 진실하게 알고 바르게 행하며, 아름다움을 사랑하는 세계를 건설합시다.

참사람 결사를 생각하는 서옹 스님의 생
각의 저변은 다음과 같은 평소 말씀에서
찾아볼 수 있다.

"옛날의 선禪은 개인을 구제하는 데에 중점을 두었습니다. 그러나 오늘
날은 세계가 좁아져서 개인이나 집단, 국가가 세계성을 띠므로 세계의
위기를 타개하지 않으면 개인도 안심하고 살 수 없는 시대입니다. 그러
므로 선禪도 세계를 구제하는 데 중점을 두어야 한다고 생각합니다."

-진우 편, 〈참사람의 향기, 서옹상순 대종사 1주기 추모집〉,
2004, 고불총림 백양사

이 같은 노력의 일환으로 1998년과 2000
년에는 서옹 스님은 고불총림 백양사에서
두 번에 걸쳐 무차선대회를 개최하기도 했
다. 다음은 2000년 무차대회 당시 있었던
법거량 장면들이다.

한 비구니 스님이 물었다.

"거꾸로 흐르는 바닷물을 다 삼켰을 때는 어떻게 합니까?"
"바닷물이 거꾸로 흘러가는 것을 보았느냐?"
(삼배)
"그래도 안 된다."
"스님은 대도적이십니다."
"망망사茫茫事라."
"도적 중에 도적이시니까, 적은 도적을 알아봐 주십시오."
"(웃음) 니가 목소리는 크지만 그것 가지고는 안 된다."

다음으로 한 비구 스님이 물었다.

"생사는 모양을 나투지 못하고, 무차는 생사를 넘지 못합니다. 오직 깨
친 안목이야말로 무차대회가 아니겠습니까?"
"(벼락같은 목소리로) 그 망상을 피우지 마라!"
"(역시 큰 목소리로) 알겠습니다."

재가불자 한 사람도 거량에 나섰다.

"저의 큰아들이 불쌍합니다. 이때는 어떻게 합니까?"
"그 불쌍한 그대로 다 제도가 됐느니라."
"보리와 번뇌가 둘이 아니고, 서로 방해하지 않습니다. 이때는 어떻게
합니까?"
"(주장자로 법상을 내리치며) 망상을 피우지 마라."
(삼배)

그보다 2년 전인 1998년 7월 17일부터 18
일까지 백양사에서는 성철 스님 이후 최
고의 선승으로 꼽히는 서옹 스님을 상대
로 20여 명의 스님과 학자들이 집단으로
인터뷰를 했다.

스님1: 조사선의 본질은 무엇입니까?

서 옹 : 의식과 무의식을 투과하고 일체를 투과해서 깨달음을 얻는 것이야. 인
간의 참모습을 찾는 것이지.

스님1: 인간의 참모습이란 '참사람'을 뜻하는 것인지요.

서 옹 : 참사람이지. 그러나 일체를 투과한 '참사람'이지 의식 차원에서 말하는
'아트만'이 아니야.

교수1: 참사람, 진인이란 말은 조사선뿐만 아니라 유교와 도교에도 나옵니다.
　　　 이때 진인은 조사선의 진인과 같은 것입니까 다른 것입니까.

서　옹 : 여러 종교에서 진인이란 말을 쓰지만 조사선의 진인과는 다른 것이야.
　　　 임제 스님이 말한 진인은 일체를 투과한 사람이지. 다른 종교에서 말하
　　　 는 진인은 일체를 투과하지 않은 사람이야. 차원이 달라.

교수1: 한국 불교역사에서 깨달은 인물들이 있습니까.

서　옹 : 있지. 태고보우 스님, 나옹 화상 모두 다 훌륭한 스님들이지.

스님1: 조사선은 생활종교라고 할 수 있습니다. 중국인이 좌선, 명상, 사유의
　　　 문화 그 자체를 일상의 생활종교로 만든 것이 조사선의 특징입니다. 《육
　　　 조단경》에서 이야기하는 좌선의 정의는 철학적 틀을 벗어나지 못한 형
　　　 태이지만 당대 조사선은 그러한 철학적 선의 정의를 벗어나 그 정신을
　　　 지상의 생활종교로 끌어내렸다는 데 큰 의미가 있다 하겠습니다. 조사선
　　　 의 정신을 명백히 계승해 온 한국불교 입장에서 조사선 입장을 재정립할
　　　 필요가 있다고 생각합니다.

서　옹 : 조사선이 일상의 생활선이라고 보는 것은 옳은 말이야. 그러나 일상생
　　　 활 자체를 선이라고 말하면 오해의 소지가 있지. 부처님이 깨달은 각覺의
　　　 경지가 있어야 해. 인간의 깊은 깨달음의 경지는 일상생활에서 자유자재
　　　 한 것이야. 의식과 무의식을 투과하고, 일체를 무한히 투과하는 것이 조
　　　 사선이야. 이런 바탕 없이 일상생활에서 말하는 선을 그냥 조사선이라
　　　 고 하면 안 돼.

스님1: 마조 스님의 '평상심이 도(平常心是道)'라는 말이 있습니다. 일상생활상 속에서 '평상심'을 상실하지 않는 것을 뜻하는 것이라 생각합니다.《육조단경》이나 혜능 설법에도 도는 마음에 있는 것이라 했습니다.

서 옹 : 평상심이 바로 도야. 그러나 일상생활에서 말하는 평상심과는 다르지. 평상심 바탕은 일체를 무한히 투과하는 자유자재한 것에서 비롯돼. 그 바탕 없이는 안 돼. 평범한 사람들이 일상생활에서 말하는 '평상심'과는 차원이 다른 것이지.

스님1: 경전에서 이야기하는 '여래장'이라든가 '진여자성'이란 말을 마조는 '평상심'으로 바꿨다고 생각합니다.

서 옹 : 조사선에서는 교외별전이라고 해서 진여, 여래, 불성 그런 말에 매달리지 않아.

스님1: 한국 선은 고칙 공안 하나만을 참구하는 단조로운 수행이기 때문에 기초 불교학이나 교육체계가 너무 미흡한 것이 사실입니다. 또 공안을 타파한 사람은 선지식으로부터 인가를 받습니다. 그러나 깨닫지 못한 사람은 무기력한 수행자로 남습니다. 깨달음만을 기대하는 대오각성적인 수행구조가 혹 공안선 수행의 걸림돌이 되는 게 아닌지요.

서 옹 : 단조롭지만 일체를 통할 수 있어. 올바른 길로 가면 일체가 통해서 자유
자재하여 걸림이 없어. 깨달음의 경지에는 차별이 없는 거야. 깨달은 사
람은 다 존경해. 깨달음을 위해 노력하는 것이 인간생활이야. 인가 받지
못한 사람은 노력해야지.

교수2: 무한참구로 들어가기 이전에 따로 준비할 것이 있습니까.

서 옹 : 생사를 해결할 수 있다는 마음이 중요해. 모든 것을 투과하겠다는 그 결
심이 중요한 것이지.

교수2: 조사선으로 바로 들어가기 전에 사념처四念處 단계를 거쳐서 조사선으로
들어가는 것이 올바른 수행법이라고 할 수 있습니까.

서 옹 : 근기에 따라 하는 게야. 처음부터 조사선을 해도 무방하지. 화두 드는
것은 누구든지 들 수 있어. 처음부터 화두를 올바로 드는 것이 중요해.
간단하고 쉽게 할 수 있는 것이 공안참구야. 선지식의 지도를 받으면 화
두를 쉽게 들 수 있어. 지도를 잘못 받으면 어렵지.

교수2: 지도를 받고자 하는 사람은 많지만 선지식은 많지 않습니다. 이런 문제 때문에 사회문제를 해결하는 데 한계가 있다고 생각합니다.

서 옹 : 개인이 노력해야지.

스님2: 선이 최고라고 하지만 선이 왜 최고인지는 아무도 설명해 주지 않습니다. 스님의 깨달음과 우리의 깨달음은 다른지, 깨닫기 위해서는 어떤 방법이 가장 좋은지요.

서 옹 : 무한히 일체를 투과해서 구경의 자리에 가면 똑같아. 문제는 거기까지 가지 못한 단계에서 헤매는 것이지. 개인의 근기와 수행력에 따라 도중에서 헤매는 것을 조심해야 해.

스님2: 깨닫는 것도 질의 차이가 있습니까.

서 옹 : 무한히 일체를 투과해 깨달으면 똑같지. 그러나 그러한 단계에 가기 전에 단계적으로 깨닫는 것은 질적인 차이가 있어. 도중에서 차별이 있는 것이지. 차별이 있는 것을 갖고 문제를 삼으면 한이 없어. 최고의 구경자리는 무엇인가. 그것만을 파고들어 해결해야 해.

스님3: 선방에서 간화선 위주로 참선을 하는데 근자에 위빠사나나 염불선, 묵조
선으로 수행을 하는 경우가 있습니다. 화두선과의 차이는 무엇입니까.

서 옹 : 화두 조사선은 깨달음으로 가는 가장 올바른 길이고 지름길이야. 다른
것은 구경의 자리에 가기 전 중간 단계에서 해결하는 것이지 구경까지 완
전히 해결할 수 있는 것은 아니야.

스님4: 깨달음을 얻으면 오도송을 읊습니다. 오도송은 오도를 한 상태서 일부
러 지어내는 것입니까 아니면 아무런 생각이 없는데 자연히 내부에서 흘
러나오는 것입니까.

서 옹 : 자기 내부에서 흘러나오는 그대로를 표현한 거야. 의식을 바탕으로 일
부러 지어낸다면 이상한 거지.

스님4: 한문 세대 스님들은 당연히 한문에 대한 학문적 소양이 있습니다. 그렇
기 때문에 오도송을 하는 데 있어 한문으로 나오는 것은 당연하다 할 것
입니다. 요즘 젊은 한글 세대 스님들이 많습니다. 한글 세대이기 때문에
한문에는 능통하지 못합니다. 오도송이 내부에서 자연히 흘러나오는 것
이라면 한문보다는 한글 게송이 나와야 하지 않겠는지요.

서 옹 : 게송을 한문으로만 하라는 법은 없어. 한글로 해도 돼.

白羊寺

스님4: 법어도 한문 게송을 하거나 한문투의 법어를 사용하기 때문에 선에 접
하려는 사람들이 이해하기 어렵다고 말합니다. 상당법어를 꼭 한문 법
어로 시작해야만 하는 것인지요.

서 옹 : 종교는 전통이 있어. 선이 중국에서 일어나 한문으로 하다보니까 한문
으로 한 거야. 꼭 한문으로만 하라고 하지는 않아. 한국 사람은 한국말
로 해도 돼. 전통을 살리면서 우리 것을 살리는 방법을 쓰면 되지.

스님2: 돈오돈수와 돈오점수의 차이는 무엇인지요.

서 옹 : 돈오점수는 보조 스님이 주장한 것이야. 보조 스님이 말한 '돈오'는 지
혜로 깨달은 것이지. 지혜로 깨달았기 때문에 망상이 남아 있고, 망상이
남아 있으니 계속 점수해야 한다는 게야. '돈오돈수'는 지혜로 깨달은
것이 아니라 의식과 무의식을 투과해 깨달은 거야. 본래 망상이 없는 자
리를 찾은 거지. 없앨 것이 없기 때문에 돈수가 되는 거지. 조사 스님들의
입장은 돈수의 경지에서 한 것이야. 점수는 순수한 조사선과는 다르지.
보조 스님의 점수는 조사선과는 다른 수행법이야. 완연히 근본이 달라.

스님5: 우리는 중국에서 만들어 놓은 화두선만을 들고 있습니다. 한국불교에
     맞는 독창적인 화두선을 만들어 들면 안 되는지요.

서 옹 : 한국적인 화두선을 들어도 돼. 전통이 있기 때문에 주로 중국 화두를 드
     는 게야.

스님5: 부처님이 깨달은 후 3·7일간 선정에 들다가 깨어보니 깨달은 바를 그
     대로 설하면 중생들이 모를 것 같아 근기에 맞게 설했다고 하였습니다.
     이 어려운 조사선이 왜 이 시대에 그대로 적용돼야 하는 것입니까?

서 옹 : 부처님 깨달음의 극치를 살릴 수 있는 것이 조사선이기 때문이야.

-월간《해인》, 1998년 8월 198호

2003년 12월 13일 서옹 스님은 평소와 다름없이 백양사 설선당説禪堂에서 아침 죽 공양을 하고 오후에 상좌 스님들과 법담을 나눴다고 한다. 저녁에 주지 두백 스님이 찾아오자, "이제 가야겠다."고 말한 뒤 앉은 자세로 좌탈입망坐脫立亡했다.

90세가 넘은 세랍에도 미소가 천진스러웠
던 서옹 스님은 이렇게 와서 이렇게 갔다.
스승이신 만암 스님처럼 좌탈입망한 모습
그대로 관을 만들어 다비하니 스님의 천진
한 미소 같은 하얀 사리 4과顆가 나왔다.

백양사 다비茶毘

스님이 열반에 들면 다비를 한다. 다비는
부처님 당시부터 전해지는 불교의 전통이
지만 시대와 지역에 따라 차이가 있다. 현
재 조계종단 내에서도 문중마다 각기 다
른 다비의 전통이 있다.

가령 해인사를 비롯한 대개의 경우 법구를
모신 후 그 위에 장작을 쌓고 커다란 연꽃
장식을 해서 기다란 나무 끝에 솜뭉치를
매달아 불을 붙인다. 쌓아 놓은 장작의 규
모에 따라 불길은 1박 2일 동안 타기도 하
고 빨라도 10시간 넘게 불길이 지속된다.
이윽고 불길이 잦아들면 상좌나 문중 스
님들이 집게를 가지고 와서 재를 뒤적여서
타다 만 유골이나 사리를 수습하는 것이
일반적이다.

범어사의 경우는 독특하다. 법구를 안장한 뒤 장작을 쌓는 것까지는 똑같지만 그 위에 생솔가지를 덮어서 불꽃이 전혀 밖으로 보이지 않게 한다. 밖으로는 하얀 연기만 보일 뿐이다. 그렇게 생솔가지 안으로 화력을 응집해서 태운 뒤 유골이나 사리를 수습하는 것은 다른 사찰과 같다.

백양사의 경우는 가장 독특하고 신비롭기까지 하다. 우선 연화대蓮花臺 밑의 땅을 1미터 깊이로 판 뒤 물을 3분의 2가량 담은 항아리를 5방향에 묻는다. 즉, 동서남북과 중앙에 각기 항아리를 묻고 항아리 입구를 한지로 덮고 뚜껑도 덮는다. 이어 뚜껑 위에 기와 두 장을 올려놓고 다시 3센티미터 두께로 황토를 덮는다.

황토 위에는 10센티미터 두께의 큰 돌을 다시 올려놓고 그 위로 또 20센티미터 두께로 황토를 깐다. 이 위에 가로 세로 방향으로 기와를 서로 겹쳐 놓는다. 항아리는 한지, 뚜껑, 기와, 황토, 돌, 황토로 겹겹이 완전 밀봉되는 것이다.

이렇게 항아리를 묻고 그 위에서 법구를 놓고 장작을 쌓은 뒤 연화장식을 하고 다비를 한다. 그런데 신비롭게도 땅 속 항아리에서 사리가 나온다. 서옹 스님의 경우도 이렇게 한 항아리 속에서 하얀색 사리 4과顆가 나왔고, 1957년에 입적했던 은사 만암 스님도 같은 방식으로 다비를 해서 8과의 사리를 얻었다고 한다. 과학적 근거는 알 수 없지만 사리가 물을 찾아간다는 이야기가 예전부터 전해 내려온다고 한다.

泗溟堂

백척간두에서 한 걸음 더!

"이 아이는 스무 살이 못 되어 죽을 운명
입니다."

열 살도 안 된 어린아이를 두고 한 말 치
고는 모질었다. 비수 같은 그 말을 가슴에
박은 채 어머니는 집으로 돌아왔다.

전주가 집이었다. 4남매 중 셋째인 아이는
어려서부터 독실한 불자인 할머니 손을
붙잡고 절에 다녔다. 할머니를 따라 '옴
마니반메훔' 진언도 하고 가부좌 틀고 앉
아 참선도 흉내내면서 자랐다.

"이 아이는 스무 살이 못 되어 죽을 운명
입니다."

스스로 아무것도 알 수 없었던 열 살 무
렵, 전주 풍남초등학교 3학년 때 집이 서
울로 이사를 갔다. 낯선 서울 풍경에 어린
아이도 집안사람들도 채 적응하기도 전에
어머니는 어린 아들을 절로 보내기로 결
심한다. 충무로 4가 영희초등학교를 겨우
한 학기 마쳤을 때였다.

"애야, 스무 살까지만 절에서 살다 돌아
와라. 스무 살까지…"

그것이 무엇을 의미하는지 전혀 모른 채 아이는 천진스레 냉큼 그러겠다
고 대답해 버렸다.

1968년 봄날, 아버지 친구를 따라나섰다. 차창 밖으로는 모내기가 한창
이었다. 휙휙 지나는 풍경에 정신 팔려서 얼마쯤일지 모를 시간과 공간
을 뛰어넘어 이윽고 다다른 곳이 바로 백양사였다.

아이는 아이였다. 천왕문 안에 험상궂은 사천왕을 보자 그만 울음을 터뜨
렸다. 단순한 두려움은 이내 마음 속 깊이 감춰져 있던 아버지, 어머니 그리
고 형과 동생에 대한 진한 그리움이 되고, 또 낯선 곳에 홀로 서있는 지금,
여기, 나 혼자만 느낄 수밖에 없는 원초적인 외로움이 되어 밀려들었다.

절에는 또래 아이들이 몇 명 더 있었다. 그 친구들과 왕복 20리길을 매일
걸어서 학교에 다녔다. 더러는 학교에 가지 않고 매일 걷는 그 길을 벗어
나 아이들끼리 산으로, 시내로 돌아다니기도 했다. 그런 날, 절에 돌아오
면 스님들이 부모가 되어 야단을 쳤다. 야단을 맞으면서 점점 절이 집처
럼 따뜻하게 느껴져 갔다.

정식 출가는 아니지만 학교 다니는 틈틈이 동자승처럼 새벽예불을 올리고 공양간 일도 도왔다. 그러면서도 어린 그의 머리 한켠에는 항상 '스무 살이 못 되어 죽을 거다' 는 얼굴도 본 적이 없는 무당의 목소리가 환청처럼 맴돌았다.

그러던 어느 날이었다. 어른 스님의 심부름으로 주지 스님 방에 갔었을 때였다. 평소 위암을 앓고 있었던 주지 스님께서 방안에 반듯하게 누워 있었다. 순간 방안의 적막과 누워 있는 주지 스님 몸에서 느껴지는 한기가 한꺼번에 아이에게 엄습했다.

처음으로 눈앞에서 죽음을 바라보았다. 뭐라 말할 수 없는 충격에 다리가 풀렸다. 몸을 되돌려 그 방을 나오는 것도 쉽지 않았다. 가까스로 되돌아 나와 어른 스님들께 알리고 혼자 지대방에 숨어들었다. 그리고는 깊은 생각에 잠겼다.

'어느 날 갑자기 저렇게 되는 것이 죽음이다.'

말도 없고, 몸에 온기도 없고, 주변 사람과 사물들과 맺었던 관계도 문득 끊어진 자리…. 그것이 죽음이다.

"이 아이는 스무 살이 못 되어 죽을 운명입니다."

'내게도 스무 살이 못 되어 닥친다 했던 죽음이 바로 저런 것이었구나! 저렇게 다가오는 죽음 앞에서 나는 무엇을 할 수 있나? 나는 무엇인가?'

뭐 하나 확실하게 알 수 있는 것 없는 막막함, 두려움 속에서 아이는 지대방 구석에서 혼자 생각에 잠기고, 생각에 지치면 잠들어 버리는 것이 일과가 되어 버렸다.

한 스님이 있었다. 서울대 농대를 나와서 스님이 되었는데 주로 선방을 다니면서 참선 정진했다. 하루는 이 스님이 골방에 스스로 갇혀 지내던 아이를 찾아왔다.

"생사 문제를 해결하는 것이 바로 참선이지."

세상과 단절한 아이에게 스님은 빙그레 웃으며 말했다. 친아버지 같았던 은사 스님의 간곡한 만류에도 아이는 이 스님을 따라 도망치듯이 백양사를 빠져 나왔다.

첫차를 타고 찾아간 곳이 문경 김용사였다. 그곳에서 다시 머리를 깎고 전국의 수행처를 다니는 어린 수좌가 된다. 은사 스님은 보름이 넘게 눈물을 흘리며 어린 상좌 걱정에 식사도 걸렀다고 했다. 속가의 부모님도 '스무 살 넘으면 집으로 돌아와야 하는데…' 하며 전국 방방곡곡 절로 찾아다녔다는 이야기가 들렸다.

동화사에 머물 때는 하루 차이로 찾아온 부모님과 마주치지 않았을 때도 있었다. 그렇게 점점 세속을 떠난 어린 수행자의 운명은 굳어져 갔다.

처음 문경 김용사로 가서 산내암자인 금선대에서 바랑을 풀었다. 몇 명의 어른 스님들 틈에 끼어 본격적인 참선 정진을 할 무렵 큰 절에 편지가 와 있다는 소식에 내려가 보니 중학교 선생님과 친구들에게서 뭉치로 편지가 와 있었다.

"모두 애타게 기다리고 있으니 돌아와라."

초등학교, 중학교 내내 전교 1등을 놓치지 않았던 아이였다. 하지만 마음 한구석에 항상 '스무 살이 못 되어 죽을 운명'이라는 불안감이 따라다니다가 눈앞에서 목도하게 된 주지 스님의 죽음, 그로 인한 공포심 그리고 '삶과 죽음의 문제를 해결하는 것이 참선'이라는 한 스님의 말씀을 듣고 지금 이 외진 산속 좌복에 앉아 있는 자신을 되돌아봤다.

선생님과 친구들의 편지는 고맙기도 했지만 자신에게 닥친 죽음 앞에서는 오히려 더없이 속되다는 생각을 머릿속에서 떨칠 수가 없었다.

한때 법주사 강원을 다니다가 그조차도 필요를 느끼지 못하고 다시 찾아간 곳이 문경 원적암 서암 스님이었다. 서암 스님은 수행을 잘하려면 겸손하고 하심하는 마음부터 배워야 한다면서 공양주 소임을 맡겼다.

서암 스님은 직접 불 때는 법, 밥 하는 법, 나물 다듬는 법, 밭 매는 법을 가르쳐 주시고 매일 조석으로 두 시간씩 데리고 앉아서 좌선을 시키기도 했다.

하루는 불을 때면서 불씨를 살리려고 연기를 쐬면서 입으로 후후 불고 있을 때 누군가 옆구리를 쿡 찔렀다.

"화두 들고 있지?"

매캐한 연기 속에서 눈물 콧물 흘리면서 정신없을 때 슬며시 다가와 던지는 그런 말씀에 정신이 번쩍 들곤 했다.

'분명 매 순간 무엇을 하든 간에 보고 듣고 숨 쉬는 자가 있는데, 이것이 무엇일까? 이 뭣꼬?'

원적암을 떠나 봉암사로 갔다. 그곳에는 서옹 스님께서 조실로 계시면서 20여 명의 구참 납자들에게 참선 지도를 하고 있었다. 이곳에서도 아이는 공양주로서 매끼 밥 짓는 일을 맡았다. 수행 정진하는 스님들 공양을 지어드리는 공덕이 크다고 해서 서로 맡으려고 했던 소임이 공양주였다.

가마솥에 불을 때서 밥을 짓는 일을 곧잘 한다는 소리를 들었지만 삶과 죽음 문제를 해결하려는 마음 한켠에 자리잡은 조바심은 아이를 이곳에서도 오래 잡아 두지 못하게 했다.

"송광사 방장 구산 큰스님은 신참 수행자들을 잘 지도해 주셔."

"송광사는 하루 14시간 가행정진을 한대."

이 소식을 듣고 자신의 몸집만한 걸망을 지고 송광사로 향했다. 구산 큰스님을 친견하고 생사문제를 해결하기 위해 참선 공부를 하겠다고 말씀드렸다. 뚫어지게 바라보시다가 "너는 너무 어려서 14시간 가행정진은 어려워! 좀 더 크면 다시 오너라." 송광사 객실에 묵으면서 매일 아침에 문안 인사를 드리며, "큰스님, 생사대사가 급합니다." 하며 선원에 받아 주시기를 간청드렸다.

이윽고 7일째 되는 날 기특하게 생각하셨는지, "그놈 참 당돌하네. 그래, 받아 주마! 정진 열심히 하거라." 단, 처음부터 14시간 정진은 할 수 없고 공양간 대중방에서 부전 소임을 보며 당분간 8시간 정진을 잘 하면 봐서 나중에 어른 스님들 선방에 끼워주겠다는 조건이 전제되었다.

하지만 송광사에서의 수행은 얼마 이어지지 못했다. 몸이 아파 병원에 가보니, 폐결핵에 늑막염 3기라는 판정을 받았기 때문이다.

백양사로 돌아와야 했다. 은사 스님은 손수 산에 다니며 약초를 뜯어다가 어린 상좌 병간호에 지극정성을 다했다. 석장포라는 풀을 뜯어다가 찧어서 늑막염 부위에 붙이고 소금찜질도 해 주셨다.

병은 은사 스님의 정성으로 6개월 만에 떨어낼 수 있었다. 다시 선방으로 가겠다는 것을 은사 스님과 부모님까지 적극 만류했다.

중학교 과정을 마저 마치고 광주 정광고등학교로 진학했다. 고등학교 때는 은사 스님이 주지로 있던 나주 불회사에서 일주일에 한 번씩 김치를 가져다 직접 밥을 해먹으면서 자취를 했다. 학교 앞 중학생 집에 가정교사로 다니기도 했다.

이 무렵부터 작은 변화가 있었다. 항상 최대의 관심사는 수행이었지만 그 '수행을 잘하기 위해서 수행의 이론과 실제를 잘 정리할 필요가 있겠다.'는 생각이 점점 생각의 한쪽에 자리잡게 된 것이다.

백양사 아랫마을에서 방위 복무하는 것으로 군대를 마치고 바로 서울 상도동 백운암으로 올라갔다. 백운암에는 당시 종정이시던 서옹 스님이 머물고 있었다. 여기서 서옹 스님을 모시면서 틈틈이 학원에 가서 입시 공부를 해서 동국대학교에 입학하게 된다.

동국대학교에 입학해서 돌아가신 고익진 교수의 원시불교와 종교학 강의를 듣고 큰 영향을 받았다. 꾸준히 수행도 게을리 하지 않아서 하루는 좌선에 들어 자신을 점검해봤다. 어려서부터 드리워 있던 죽음의 그림자가 어느덧 더 이상 두렵지 않았다.

이대로라면 생사문제를 해결할 수 있겠다는 자신감도 생겼다. 수행의 밑바탕으로서의 경전 공부, 교학 공부를 제대로 해봐야겠다는 생각이 들었다.

이때의 자신감은 이후 스리랑카 페라데니아대학과 인도의 뿌나대학, 영국 옥스퍼드와 미국의 하버드를 돌아 다시 한국으로 돌아오는 기나긴 여정의 출발점이었다.

"이 아이는 스무 살이 못 되어 죽을 운명입니다."

돌아보면 스무 살도 못 되어 죽을 것이라는 자신이 선택하지도, 선택할 수도 없는 자신의 운명이 열두 살 소년을 출가하게 하고 수행하고 공부하게 했다. 지금은 환갑을 바라보는 그 열두 살 소년이 지금, 여기 우리에게 전해 주는 말이 있다.

“ ‘이 뭣고’란 나 자신의 실존에 대한 의문입니다. 지금 여기서 보고 듣고 숨 쉬는 구체적인 존재현상에 관한 궁극적 물음이죠. ‘이것이 무엇인가?’ 묻고 또 물어도 답은 잡힐 듯 잡히지 않습니다. 답답한 마음이 지속되다가 폭발 직전까지 갑니다. 이를 두고 의정疑情이 생겼다고 하지요.

이쯤 되면 ‘이 뭣고’라는 문제는 더 이상 되뇔 필요 없고, 오로지 답 찾는 데 몰입해야 합니다. 어떤 관념의 때도 묻지 않은 단지 ‘답’만을 말입니다. 의심이 의정이 되고, 의정이 의단疑團이 되면서 움직이건 앉아 있건 누워 있건 말하건 입 다물건 화두 일념이 형성됩니다. 이리하여 의단독로疑團獨露, 즉 터질 듯한 의심이 깨지며 문득 깨달음의 경지에 이르게 됩니다.

언어도단言語道斷 심행처멸心行處滅, 즉 말길이 끊어지고 마음과 행함이 모두 없어져 오도 가도 못하는 은산철벽에 갇힌 상태에서 한 걸음 더 나아가는 것, 백척간두에서 한 발 더 내디뎌 한 번 크게 죽었다 살아나는 것, 이것이 간화선의 요체입니다.”

이 뭣고

하트스마일 명상

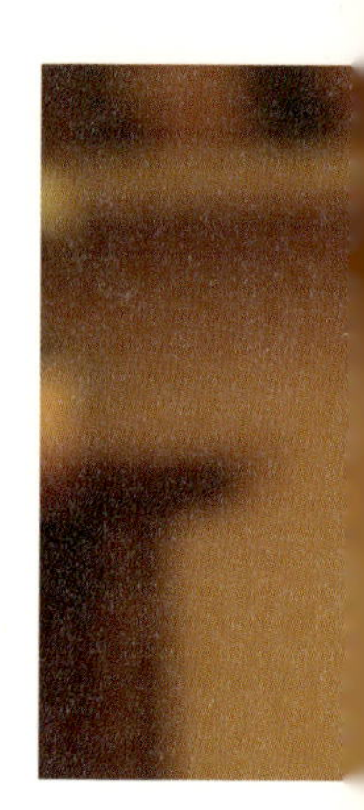

현대 환경에 어울리는 교육과 수행 프로그램

종교적 분위기를 자아내는 건축과 예술적 장엄물들이 하드웨어라면 이 공간에서 이루어지고 있는 교육과 수행 프로그램은 소프트웨어이다. 상도선원은 마음수행학교를 통해서 붓다의 핵심 가르침을 연기중도의 교학을 중심으로 가르쳐 지혜를 증장시키고, 자비실천의 가르침은 하트스마일 명상, 즉 자애미소 명상을 통해서 일상의 삶속에서 실천하게 한다.

그리고 매주 일요일에는 팔정도 온 가족법회를 통해서 일반 성인불자들이 한 주 동안의 삶을 정리하고 매주 다시 새롭게 시작할 수 있게 오계명상과 다양한 형식의 법문을 듣게 하고 있다. 팔정도 온 가족법회는 매달 다음과 같은 프로그램으로 짜여져 있다.

첫째 주에는 하트스마일 명상과 함께하는 법회, 둘째 주에는 무엇이든지 묻고 설하는 질의–응답 형식의 즉문즉설 법회, 셋째 주에는 찬불가 음성 공양과 함께하는 법회, 넷째 주에는 재가와 출가의 덕망 있는 법사와 강사를 청하여 진행하는 초청법회, 그리고 다섯째 주가 있는 달에는 신행나눔법회로 진행된다. 공부와 수행을 진행하는 동안에 일어난 삶의 변화와 체험을 나누는 불자들 스스로가 만들어가는 법회이다.

또한, 일요일에는 어린이 전용 법당인 2층 아라한전에서 어린이법회가, 3층 도서관 수미재에서는 청소년법회, 그리고 오후에는 큰 법당에서 청년법회가 진행되며, 일요일에는 온 가족이 상도선원에 와서 법문도 듣고 함께 수행하며 나누는 삶이 일상화 되어 있다.

이뿐 아니라 상도선원에서는 현대인들의 근기와 정서에 맞게 다양한 교육과 수행 프로그램을 지속적으로 계발하고 있다. 지구촌 시대에 국적과 종교, 남녀노소를 막론하고 함께할 수 있는 하트스마일 명상 프로그램에 이어서 현재 계발 중인 것은 《능엄경》의 이근원통법과 상통하는 인성명상引聲瞑想이다.

신라의 선승으로 중국에 가서 크게 선법을 펼친 정중무상 선사가 계발한 인성명상은 한 음절의 소리를 길게 끌어 소리에 집중하게 한다. 그러다 소리가 없어진 그 자리에서 고요한 공적함에 깨어있게 하거나 공적함을 아는 것에 깨어 있게 함으로써 한 생각 이전으로 바로 들어가도록 유도한다.

인성명상은 이근원통법은 같은 행법으로 전통적인 수행법이지만 소리를 통한 행법을 현대인들이 쉽고, 재미있게 존재의 온전함과 접할 수 있다는 점에서 매력적인 수행법이다. 현대적 환경과 도구를 통해서 접근할 수 있도록 치밀한 연구를 통해서 선보일 예정이다.

다음은 현재 상도선원을 대표하는 두 가지 수행법 즉, 마음수행학교와 스마일하트 명상에 대한 간략한 소개다.

마음수행학교

"모든 것은 서로 연결되어 있다. 친절함과 따뜻함을 서로 나누어라!"

상도선원 마음수행학교의 슬로건이다. 마음수행학교는 불교의 핵심 가르침을 연기, 중도의 관점으로 재구성해서 수행의 이론과 실제를 통합적으로 이해하고 실천할 수 있게 하는 교육 프로그램이다. 이 강좌는 불교를 바르게 이해하고 실천할 수 있도록 안내하는 불교수행 기본교육과정으로서 불교의 핵심 가르침인 연기, 중도의 삶과 실제 수행의 관계를 명쾌하게 강의하여 생활 속에서 실천하게 도와준다.

교육 대상은 상도선원의 신도이거나 신도 아니라고 해도 연기, 중도의 삶과 마음 수행의 원리를 알아 실천하고 싶은 사람은 누구나 수강이 가능하다. 미산 스님이 직접 지도 법사로 참여해서 교육을 처음부터 끝까지 전담하며 매년 상반기에 한 차례 실시한다.

교육 방식은 매주 화요일 저녁 7시 30분부터 두 시간에 걸쳐 이루어지며, 3개월 과정이다. 미산 스님의 집중 강의와 연기맵 그리기, 과제를 통한 마음수행 코칭 등이 주된 내용이다. 교재는 《미산스님 초기경전 강의》로 3개월 과정 중에 명상캠프와 수계식이 함께 이루어진다.

강 의	내 용
1강	연기, 중도 수행과 불교 수행의 핵심 원리
2강	연기법과 연기맵
3강	일체법-오온, 십이처, 십팔계
4강	삼법인-무상, 무아, 고 / 사성제-팔정도
5강	업과 윤회, 십이연기 / 마음수행학교 1일 명상캠프
6강	생활 속 연기법 수행
7강	연기법 수행-사마타, 위빠사나 수행
8강	사무량심과 자애미소 명상(종강)

하트스마일 명상

부처님 가르침의 요체는 지혜의 발현과 자비의 실천이다. 선불교를 표방하는 한국불교, 그 중에서도 최대 종단인 대한불교조계종의 종지宗旨도 견성성불見性成佛 요익중생饒益衆生을 표방한다.

하지만 근래 들어 한국불교에서 자비는 실종되고 형해화形骸化한 깨달음만 강조한다는 반성의 목소리가 들린다. 지혜와 자비가 동반되지 않는 깨달음은 기껏해야 신비체험의 일종일 뿐, 불교적 깨달음이라고 할 수 없다는 지적이다.

불교가 중국에 전래된 이래 교설을 가장 체계적으로 정리한 인물이 천태지의天台智顗 스님이다. 천태지의 스님은 《석선바라밀차제법문釋禪波羅蜜次第法門》에서 부처님 가르침의 핵심 교설을 중도실상中道實相으로 파악하고, "보살과 제불은 중생구원의 한계를 두지 않고 선정을 통하여 중도불성中道佛性을 통달한다."고 했다.

《대반열반경大般涅槃經》과 《불성론佛性論》에서도 각각, "중도인 불성이란 부처님이 깨친 십이연기를 보는 지혜이며, 단견斷見과 상견常見의 양변을 떠나 원인과 조건들과 결과를 연기중도의 입장에서 조화롭게 보는 안목", "결국 불성을 천명한 이유는 반야지혜를 드러내어 자신과 타인에 대한 자비실천을 독려하는 것"이라는 취지의 말씀이 있다.

《화엄경》보현행원품에는 한 걸음 더 나아가, "깨달음은 열매에 해당하고 중생은 뿌리와 같다."고 하면서 "보현행원(실천행)으로 보리(깨달음)를 이루겠다."는 서원을 하기도 한다.

하나같이 자비 실천이 지혜의 발현에 비교해서 대등하거나 둘 사이에 떼려야 뗄 수 없는 인과관계를 내포하고 있음을 말해 주고 있다.

그렇다면 자비의 실천이란 과연 무엇일까? 《대지도론大智度論》에서는 "대자大慈는 일체중생에게 즐거움을 주고, 대비大悲는 일체중생을 위해서 고통을 없애 준다. 대자는 즐거움의 인연을 중생에게 주고, 대비는 고통에서 떠나는 인연을 중생에게 준다."고 했다.

즉, 중생을 자애로운 마음으로 따스하게 보살피는 것이 대자이고, 연민의 마음으로 훈훈하게 고통을 어루만지고 함께 아파하는 것이 대비이다. 《대지도론》의 구절을 더 보자.

> "자비는 불도의 근본이며 (중략) 대비는 모든 불보살의 공덕의 근본이다. 이것은 반야바라밀의 어머니이고, 여러 부처님의 할머니이다. 보살은 대비심을 가지기 때문에 반야바라밀을 성취하며, 반야바라밀을 성취하기 때문에 붓다를 이룬다."

《화엄경》 입법계품에서 선재동자가 남쪽
을 순회할 때 열아홉 번째로 만난 성인이
대광왕大光王이다. 선재동자가 대광왕에게
해탈의 길인 보살도에 대해 물었다. 이에
대해 대광왕은 다음과 같이 대답한다.

"선남자여, 나는 보살의 대자당행大慈幢行
을 닦았다. 나는 부처님 도량에서 이 법을
듣고(聞), 사유하며(思) 관찰해 수행했다(修).

나는 왕이 되어서 이 법으로 중생을 가르
치고 다스린다. 대자행大慈行으로 세상을
따르고 중생을 인도하며 중생에게 대자大
慈로 수행하도록 권유한다.(중략)

나는 이 법으로써 모든 중생이 즐겁고 환
희로우며, 몸에 고통이 없고, 마음에 청량
함을 얻게 해 준다. 또한 이 법으로 생사
의 애착을 끊고, 정법正法의 법희法喜를 향
유토록 해 주며, 번뇌의 때를 씻고, 악업의
장애를 막아준다.(중략) 대자는 대지大地
와 같아서 중생을 성장시킨다."

자비실천에 관한 무수히 많은 가르침은 단지 지혜에 비교해서 자비를 강
조한 것에 머무르는 것이 아니다. 지혜를 완성하기 위한 수단도 아니다.
지혜와 자비는 선후관계가 아니라 동시관계요 동전의 양면이다. 지혜의
행위 안에 자비가 내포되어 있고, 자비의 행위 속에도 지혜가 담겨 있는
것이다.

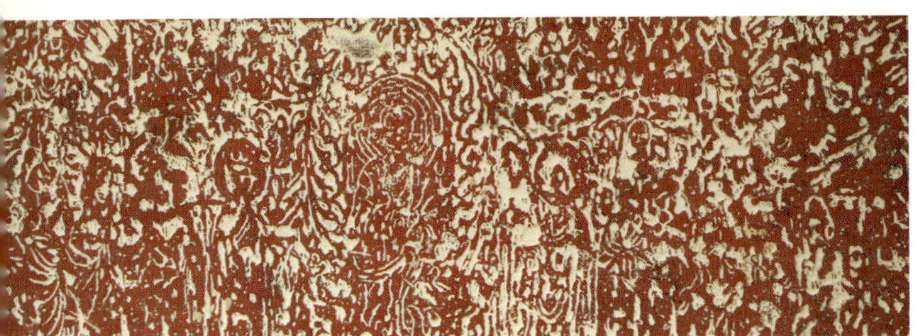

자비를 실천하는 실참 수행법

현대인들의 머리는 인지 기능이 강화되어 복잡하고 비대해졌지만 가슴은 감성 기능이 약화되고 둔화되어 화석처럼 굳어져가고 있다. 머리와 가슴의 균형과 조화를 회복하기 위해서는 부처님 가르침 가운데 상대적으로 지혜, 깨달음, 수행 등에 비해 놓치고 있었던 자비실천을 강조해야 한다.

이런 문제의식과 필요성에 따라 상도선원 미산 스님은 2014년 11월부터 각계 전문가로 구성된 '하트스마일 명상(Heartsmile Meditation)' 연구팀을 구성해서 이른바 '자애명상법'을 연구 개발했다.

하트스마일 명상은 우리가 본래 부처님과 같이 지혜로 충만하고 자비로 무궁한 성품을 가지고 있음을 받아들이고 믿는 것으로부터 시작한다.

하트스마일 명상은 2박 3일 과정이다. 프로그램은 다음의 다섯 가지 행법으로 구성되어 있는데, 앞의 네 가지는 몸과 마음에 본래 내재되어 있는 자애심을 일깨워 주는 보조 행법이고, 마지막 다섯 번째가 본 명상에 해당된다.

첫 번째는 '하트스마일 33배'이다. 이것은 몸과 마음의 이완, 깨어있음을 통해서 따스함과 훈훈함이 몸과 마음에 나타나도록 하는 것을 목표로 한다. 절을 하는 동작은 나눠보면 세 가지로 이루어진다. 몸짓, 얼굴짓, 손짓이다.

이 가운데 몸짓은 정성스런 몸의 움직임이요, 얼굴짓은 자애롭고 사랑스러운 미소다. 마지막으로 손짓은 하트 모양(♡)과 연꽃합장이다.

절을 올리는 동작은 동서양을 막론하고 상대에게 나를 낮추는 겸손과 정성을 상징한다. 하트 모양 손동작도 지구촌 사람들 남녀노소 누구나 소통이 가능한 자비와 사랑의 표현이며, 미소 또한 사람과 사람 사이 긴장과 갈등을 풀어주고 따스하고 훈훈한 자애미소의 느낌을 충만하게 해 준다.

천천히 33배의 절을 주어진 손짓, 얼굴짓, 몸짓으로 올리다보면 약 30분의 시간이 소요된다. 일 배 일 배 절을 올리면 깨어있음의 마음 근육이 점점 이완됨을 느끼게 된다.

두 번째는 하트스마일 수용·감사 명상이다. 하트스마일 33배를 통해서 몸과 마음이 이완된 상태에서 지금까지 살아오면서 가진 마음의 짐을 내려놓고 현재 본인의 몸과 마음의 상태를 있는 그대로 수용하고 모든 일에 감사의 마음을 갖게 한다.

세 번째는 하트스마일 따기온스다. 따기온스는 '따스한 기운이 온몸에 스미는 것'의 준말이다. 영어로 표기하면 'Tachyons'인데 물리학에서 Tachyons는 '빛보다 빠른 가설적 소립자'를 말한다.

따기온스에는 가부좌를 하고 앉아서 하는 행법이 있고 누워서 하는 행법이 있다. 앉아서 하는 행법은 각 장부의 긴장 이완과 활성화를 통해서 따스함과 훈훈함이 이 몸과 마음에서 드러나도록 하며, 누워서 하는 행법 역시 긴장 이완을 통해 자애의 느낌을 활성화하는 것이 목표다. 두 행법 모두 몸과 마음이 동시에 깊은 휴식을 취하도록 유도해 주는 효과가 있다.

네 번째는 옴 명상이다. 이것은 소리를 통해서 마음을 하나로 모아주고 집중력을 강화시켜 주는 효과가 있다. 옴 명상은 좌종坐鍾 소리와 함께 하면 더욱 더 탁월한 효과가 있다.

'옴'과 같은 소리 하나를 들숨, 날숨과 함께 길게 소리 내면 집중력이 강화된다. '옴' 소리가 끝나는 지점에서 가슴에 의식을 모아서 좌종의 진동을 느끼다가 진동이 완전히 사라지면 잠시 '텅빔' 속에 깨어 있는다. 생각과 감정 등 모든 오감정보가 일시에 사라진 순간 오롯이 드러나는 무심과 무념의 상태에 앉아 홀로 깨어 있는 자신을 본다. 텅빔(眞空)에서 충만(妙有)함이 자애와 연민으로 발현되는 순간이다.

마지막으로 다섯 번째는 하트스마일 명상의 핵심이며 본 명상에 해당하는 부분이다. 먼저 입꼬리를 올려서 미소를 지으며 따스하고 훈훈함이 일정 시간 동안 유지되도록 유도한다. 여기서 미소로 인해 생긴 따스하고 훈훈한 느낌은 일종의 마중물이다. 이 마중물로 길어 올리는 것은 본래 나 스스로 안에 충만하게 내재해 있는 자애심이다. 이 자애심이 무궁하게 드러나도록 미소는 촉매 역할을 수행하는 것이다.

가슴 속에 따스함과 훈훈함이 지속적으로 느껴지면 그 느낌을 온몸으로 퍼뜨리고 이윽고 몸에도 자애의 느낌이 차오를 때쯤 친밀하고 친절한 대상부터 한 사람씩 떠올려서 가슴 속의 자애심을 보낸다. 다음엔 순서를 정하지 말고 대상을 떠올리면서 자애심을 보내고 맨 나중에는 미워하는 사람이나 원한 맺힌 사람을 떠올려서 자애심을 보내 본다.

이상과 같은 다섯 가지 행법을 프로그램화한 것이 바로 하트스마일 명상법이다. 자비는 머리로 이해하는 추상적인 개념이 아니다. 인지적 이해가 관념으로 머물지 않으려면 일상에서 구체적으로 구현하는 방법, 즉 일상적인 자비실천법을 모색해야 한다.

일상적으로 가슴 속 깊이 자애심이 느껴지고, 그렇게 느껴진 자애심이 자연스럽게 사회적인 실천으로 연결될 때, 인간은 본래 지혜로 충만하고 자비로 무궁한 존재라는 부처님의 인간 해방선언은 우리에게 여전히 유효한 가르침으로 남게 될 것이다.

몸과 마음이 훈훈해지는 〈하트스마일 무브먼트-33〉

〈하트스마일 무브먼트-33(Heartsmile Movement 33)〉은 하트스마일 명상의 보조행법으로 몸과 마음의 이완과 깨어 있음을 통해 따스함과 훈훈함이 몸과 마음에 나타나도록 하는 동작이다. 〈하트스마일 무브먼트-33〉의 동작들은 아주 천천히 하면서 몸의 움직임을 깨어서 알아차리는 수행이다. 동작을 반복하는 과정에서 몸은 이완되고 마음은 따스하고 훈훈해진다.

전체 동작은 손짓, 얼굴짓, 몸짓으로 이루어진다. 손짓은 사랑과 지혜를 드러내는 하트(♥) 모양과 연꽃봉오리 손모둠을 말한다. 얼굴짓은 친절함을 표현하는 자비로운 미소이다. 몸짓은 따스함을 채워가는 자애로운 몸의 움직임이다. 하트 모양은 지구촌의 그 누구와도 자비와 사랑을 소통할 수 있는 표현 도구이다. 스마일 또한 사람들 사이에 긴장과 갈등을 풀어 주고 따스하고 훈훈한 자애의 느낌을 충만하게 해 준다. 〈하트스마일 무브먼트-33〉의 각 동작은 가급적 천천히 해야 하며 반복해서 절을 하다 보면 깨어 있음의 마음근육이 점점 커지게 된다.

<하트스마일 무브먼트-33>은 미소의 따스함과 훈훈함이 온몸에 가득하게 하여 몸과 마음을 자애로 충만하게 하는 하트스마일 명상 수행의 효과를 높여주는 대표적인 보조행법 가운데 하나이다.

<하트스마일 무브먼트-33> 하는 법

<하트스마일 무브먼트-33>은 시작 동작, 본 동작, 마무리 동작 등 세 단계로 구분된다.

1) 시작 동작

① 발뒤꿈치를 모으고 바로 서서 어깨 힘을 빼고 두 손은 자연스럽게 늘어뜨린다.

② 손바닥을 위로 향한 채 두 손으로 큰 원을 그리면서 머리 위로 곧게 뻗어 두 손을 연꽃봉오리 모양으로 모은다. 이때 시선은 손을 향한다.

③ 모은 손을 서서히 내리면서 시선은 정면으로 향하며, 정수리 위에서 모은 손을 펴고 큰 하트를 만들며 미소 짓는다.

④ 큰 하트를 만든 손을 그대로 이마와 눈썹 사이로 가져온 다음 코에 이르렀을 때 두 손을 다시 연꽃봉오리 모양으로 모은다.

⑤ 모은 손을 가슴 앞으로 내린 뒤 허리를 45도로 굽힌다.

2-4

2-5

3-1

3-2

4-1

4-2

4-3

5

2) 본 동작

① 가슴에 모은 두 손을 천천히 내린 뒤 손바닥을 위로 향한 채 큰 원을 그리면서 머리 위로 곧게 뻗어 두 손을 연꽃봉오리 모양으로 모은다. 이때 시선은 손 높이를 따라 올라가 모은 손을 바라본다.

② 시선을 정면으로 향한 다음 모은 손을 정수리 가까이 내려 손목을 펴며 두 손끝을 마주한다.

③ 손끝을 마주한 두 손이 이마, 눈썹 사이를 거쳐 입가에 이를 때 손으로 작은 하트 모양을 만들며 미소 짓는다.

④ 하트 모양의 손이 입에서 목 가슴을 거쳐 배꼽에 이를 때, 무릎이 발 앞으로 나오지 않도록 주의하며 몸을 똑바로 내리면서 수직 하강 자세로 낮춰 앉는다. 이때 몸의 균형을 유지할 수 있도록 손을 앞으로 내밀면서 연꽃봉오리 형태를 취한다.

⑤ 손을 자연스럽게 아래로 내리면서 두 손을 펴서 하트 모양으로 만들어 바닥을 짚은 뒤 무릎을 바닥에 내려놓는다.

⑥ 두 발을 나란히 놓고 몸을 낮추어 하트 모양에 눈썹 사이(미간)가 들어가도록 이마를 대고 절한다.

⑦ 윗몸을 일으키며 두 손바닥을 그대로 무릎으로 끌어온 다음 발끝을 세운다.

⑧ 손바닥으로 바닥을 밀어 무릎을 일으킨 뒤 서서히 무릎을 편다. 이때 정수리가 땅을 향하도록 머리를 늘어뜨리고 두 손등은 마주한다.

⑨ 꼬리뼈부터 척추를 하나하나 순차적으로 펴는 느낌으로 몸을 일으켜 세운다. 이때 마주한 손등을 가슴 앞으로 끌어올린 다음 손목을 자연스럽게 돌려 두 손을 연꽃봉오리 모양으로 모은다.

1번에서 9번까지의 과정을 자신의 상황의 맞게 3 ~ 33회 반복한다.

1-1
1-2
1-3
1-4
2-1
2-2

3-1

3-2

4-1

4-2

4-3

4-4

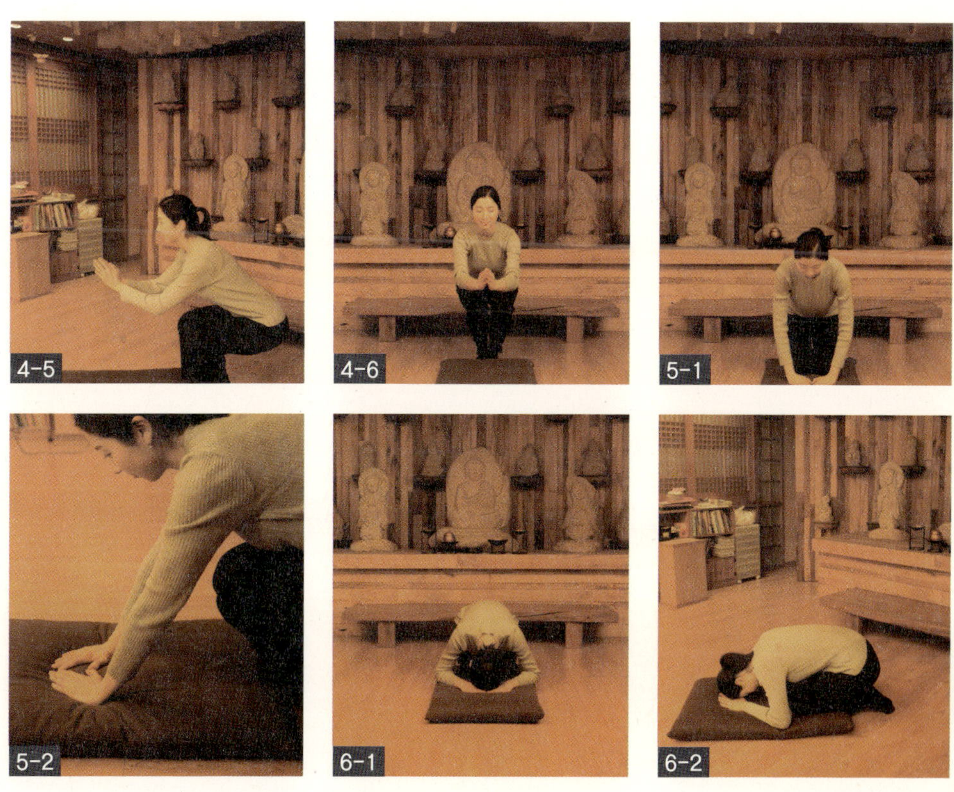

7

8

9-1

9-2

9-3

9-4

3) 마무리 동작

시작 동작의 ①~⑤과 동일한 동작으로 마무리 동작을 실시한다.

절집 이야기2

지금 이대로 있는 그대로 상도선원

1판 1쇄 발행 2016년 4월 25일

글 황찬익, 수경
사진 황찬익
그림 박준우
펴낸이 이태호
펴낸곳 클리어마인드

책임편집 김창현
디자인 서영석
인쇄 보현 P&P

출판등록 제 300-2005-54호
주소 서울시 종로구 수송동 58 두산위브파빌리온 1337호
전화 02-2198-5151
팩스 02-2198-5153

© 이야기공방 산사, 2016
이야기공방 산사는 산과 절에 관한 이야기를 기획하고 글과 사진, 그림 등으로 콘텐츠화해서
온라인과 오프라인 상에서 독자들에게 전달하는 모임입니다.

ISBN 978-89-93293-38-8   04220
ISBN 978-89-93293-37-1   (세트)
값 18,000원

이 도서의 국립중앙도서관 출판예정도서목록(CIP)은 서지정보유통지원시스템 홈페이지(http://seoji.nl.go.kr)와 국가
자료공동목록시스템(http://www.nl.go.kr/kolisnet)에서 이용하실 수 있습니다.(CIP제어번호: CIP2016007987)